다문화 톨레랑스

미국의 다문화·다인종 교육 들여다보기

다문화 톨레랑스

미국의 다문화 · 다인종 교육 들여다보기

인쇄 2015년 6월 20일 1판 1쇄 **발행** 2016년 11월 10일 1판 2쇄

지은이 조형숙 **펴낸이** 강찬석 **펴낸곳** 도서출판 나노미디어 **주소** (150-838) 서울시 영등포구
도신로51길 4 **전화** 02-703-7507 **팩스** 02-703-7508 **등록** 제8-257호
홈페이지 www.misewoom.com

정가 13,000원

이 도서의 국립중앙도서관 출판예정도서목록(CIP)은 서지정보유통지원시스템 홈페이지(http://seoji.nl.go.kr)와
국가자료공동목록시스템(http://www.nl.go.kr/kolisnet)에서 이용하실 수 있습니다.
CIP제어번호: CIP2015014874

ISBN 978-89-89292-48-7 03370

미국의 다문화·다인종 교육 들여다보기

多문화 톨레랑스

조 형 숙 쓰고 찍음

Nano｜나노
Media｜미디어

아들과 함께 태평양을 건너다

2011년 마흔 셋의 나이로 박사 공부를 시작했다. 늦깎이 미국 유학생인
셈이다. 박사학위를 받고 대학교수가 되겠다는 꿈은 있었지만, 그것이
실현 가능하리라고는 스스로도 믿지 않았다. 한국의 대학들이 대개 마
흔 미만을 신규 교수로 채용한다는 것은 대학 밖에 있는 이들에게도 상
식인데 박사 공부를 시작하는 나이가 이미 마흔을 넘었으니 처음부터
무모한 도전인 셈이다.

   내가 대학원에서 석사과정으로 전공한 것은 언어교육이었고, 이솔*
과 이중언어교육ESOL/Bilingual Education은 박사과정으로 전공했는데, 한국
에서는 테솔**로 알려져 있다. 박사 공부하러 가면서 데려간 초등학교
4학년이던 아들처럼 영어를 모국어로 하지 않는 아이들에게 영어와 모
국어 모두 잘 구사하도록 교육 프로그램을 마련하고 그 이민자 문화를
존중하자는 내용을 주로 배운다. 학과내용 중 많은 부분이 언어교육,
다문화 교육 및 문화 간 소통교육으로 구성된다.

---

*   ESOL: 테솔과 같은 맥락으로 영어가 모국어가 아닌 비원어민을 위한 영어 교육

**   TESOL: 타언어 사용자에게 영어를 가르치기 위한 영어 교육

이중언어 구사자의 대부분은 미국으로 건너온 이민 자녀들이고 대부분 유색인종이다. 백인 중산층 주류 사회에 속한 이들은 앵글로 화이트 백인이고, 표준 백인 영어를 사용한다. 미국 정책이 다문화·다언어를 존중하는 방향으로 변화하고 있긴 하지만, 주류 문화층에 속하는 백인들은 두 나라말을 하는 바이링구얼을 문화적으로 열등하게 여긴다. 바이링구얼은 유색인종 이민자를 지칭하는 또 다른 이름이다. 한국인들은 두 나라말을 할 줄 안다고 하면 막연히 경쟁력 있게 생각하지만, 보수적인 미국인은 바이링구얼을 얕잡아보는 경향이 있다.

석박사 대학원 수업시간에 담당교수가 바이링구얼이 되었을 때의 장단점을 각각 말해보라고 하자 가장 큰 단점으로 석사 학생들 몇몇이 머뭇거리며 대답했다.

"바이링구얼이라고 하면 좀 … 창피하죠."

나는 그 말뜻을 이해하지 못했다. 내가 자꾸 캐묻자 같은 그룹에 있던 젊은 대학원생이 낮은 소리로 속삭여 주었다.

"바이링구얼이란 말은 정통 백인인 앵글로 미국인이 아니라는 말이잖아. 영어 못하는 유색인종 이민자를 에둘러 표현한 거야."

다인종 사회인 미국에서 모국어와 영어 두 가지 언어를 말하는 학생들을 다문화 학생이라고 하며, 영어 구사력이 떨어지는 유색인종 이민자녀들이 다문화 학생의 대부분을 차지한다. 영어 구사력이 높은 유럽계 이민 자녀들이 주류 백인 문화에 쉽게 동화되는 반면, 유색인종 아이들은 영어 구사력이 높아져도 여전히 다인종 사회의 "다문화 아동"으로 남게 된다.

　　나를 따라 미국으로 건너온 10살 아들이 이곳에서 바이링구얼이 되었고 다문화 학생이 되는 것을 보았다. 내 가족이 미국 땅에서 다문화 가족, 다문화 자녀가 되고 보니 보이지 않는 차별이 느껴졌다. 그러고 보니 한국에서도 한국인은 한국어만 구사하고, 원어민 영어강사는 영어만 구사하고, 유색인종 아시아계 노동자는 모국어와 한국어를 둘 다 구사하는 바이링구얼이다. 세계는 이미 국경도 희미해져 거대한 공동체를 향해 나아가고 있지만 여전히 이중언어를 구사한다는 것은 인종적 약자의 가난이 빚어낸 숙명으로 남아 있다.

　　2012년 7월이었다. 교육학으로 플로리다 대학에서 박사졸업을 앞 둔 학생과 이야기를 나누다가 서로 깜짝 놀라는 상황이 발생했다. 그 학생은 한국에서 학부와 석사를 마치고 미국으로 유학와서 교육학 박사학위를 취득했다. 그런데 미국 초등학교는 40분 수업 후 10분간 쉬는 시간이 없다는 것을 모르고 있는 것이 아닌가. 그러면서 내게 그럼 아이들이 화장실은 언제 가고 언제 쉬냐며 되묻기까지 했다. 그 학생은 책

바이링구얼이란 말은 정통 백인인 앵글로 미국인이 아니라는 말이잖아. 영어 못하는 유색인종 이민자를 에둘러 표현한 거야.

으로 교육학을 배우고 유명 저널에 교육논문을 쓴 연구실형 교육학자였던 것이다.

미국 초등학교는 쉬는 시간이 따로 없고 학생은 항상 교사와 직원의 보호와 감독을 받는다. 보호와 감독 없이 아동을 방치하는 것을 연방법으로 금지하고 있어 교사가 모르는 사이에 아이들이 붙어서 싸운다든지 몰래 다른 아이를 괴롭히거나 왕따를 시킬 수 있는 상황 자체를 만들지 않도록 한다. 화장실은 가고 싶을 때 대장에 기입하거나 교사에게 손짓을 하고 한 명씩 다녀온다. 획일적인 강의식 수업에 익숙한 한국의 교사들은 수업시간에 아이들이 일어나 화장실에 가는 모습을 보면 산만하다고 여길지 모르지만, 미국에서는 기본적으로 개별화 수업이 정착되어 있어서 수업시간에도 자기 진도 대로 과제를 마치면 교사에게 허락을 구하고 화장실을 다녀온다.

이는 중·고등학교로 올라가도 거의 마찬가지다. 중학교부터는 한국의 대학생처럼 강의실을 찾아 매 시간마다 이동해야 하는데, 그 이동시간이 3~5분 정도밖에 되지 않아 화장실을 가거나 복도에서 길게 친구와 이야기를 하면 어김없이 지각처리가 되기 쉽다. 대개 수업을 마치자마자 짐을 챙겨 가방을 싸서 재빠르게 다음 강의실로 이동한다. 화장실에 가고 싶을 경우, 강의실에 도착해서 교사에게 자기가 왔음을 알리고 좌석에 가방을 둔 다음 화장실을 이용하는 경우가 많다. 아이들끼리 이야기를 나눌 수 있는 시간은 주로 점심시간에 학생식당에서 어울리며 이뤄진다.

교사가 과제를 내어주고 교실을 다니면서 학생들의
과제 진행을 살펴보고 있는 초등학교 교실

이러한 미국 학교의 일과를 이해하지 못한 채 책, 설문지, 데이터와 통계 프로그램으로 박사학위를 마친 경우가 꽤 많다. 나와 같은 연구실을 쓰는 중국 유학생은 2006년에 미국으로 유학왔다. 그녀는 이솔 초등학생의 수학교육에 대한 논문을 쓰고 있는데, 마찬가지로 초등학교에 쉬는 시간이 따로 없다는 사실을 모르고 있었다. 학생이 이솔 과정에 어떻게 배치되고 이솔 학생의 학부모가 교육청으로부터 어떤 서비스를 받을 수 있는지 어떤 절차를 통해 이솔 단계를 빠져나오는지도 제대로 알지 못했다. 그냥 책을 읽고 학술지를 참고해서 박사논문을 쓰는 중이었다. 내가 아들을 미국에 데려가지 않았다면 나 역시 책에만 갇혀 관심 있는 이론과 관련 논문만으로 통계를 내고 미국 박사가 되었을지 모른다.

아들은 학군이 좋은 백인 학교, 학군이 좋지 않은 흑인 학교, 이솔 다문화 마그넷 학교* 등 세 곳의 초등학교를 경험했다. 계획했던 것이 아니라 본의 아닌 결정이었다. 경제적인 이유도 컸다. 초등학교를 졸업하고 아들은 부자들이 모여 사는 주택가 근처에 있는 백인 위주의 중학교에 다녔고 이후 영재학교로 알려진 중학교에 입학허가를 받았다. 나는 책으로 이론을 배웠고, 그 이론을 적용한 리서치 논문을 읽었다. 이솔 교

---

* 　마그넷 프로그램은 융합형 교육방식으로서, 학생 자신이 소질 있는 교과목을 선택해 학교를 택할 수 있도록 공통교과 외에 특별수업을 통해 학습효과를 높이고 있다.

육을 받는 유색인종인 아들을 통해 다문화·다언어 교육의 현장인 미국 학교에서 펼쳐진 만화경을 생생하게 경험했다.

내 대학원 공부도, 아이들의 학교생활도 나에게는 서글픔과 기쁨이 두루 섞인 파노라마인 셈이다. 이 책은 미국에서 생활하는 동안 신문사 두 곳에 기고했던 글과 방송에서 해외 통신원으로 활동했던 원고를 다듬은 글이다. 이왕이면 조금이나마 생계에 보탬이 될까 하고 기고했던 글들이다. 미국의 문화와 교육을 소개한 책들은 많지만, 이 책은 내 경험에서 나왔기 때문에 이론과 정책을 학술적으로 분석한 기존의 책들과는 차이가 있다. 기존에 출판되었던 책들은 숱한 통계 데이터와 공식 자료에도 불구하고 다소 관념적이고 피부에 와 닿지 않은 경우도 종종 있었다. 전문적인 통계 데이터는 일반인들의 눈높이에 맞지 않기 때문이다.

또한 미국의 문화와 교육을 다룬 기존의 책들은 좋은 기획의도에도 불구하고 미국 백인 주류 문화만을 다루거나 그들의 관점에서 바라보고 있다. 책의 일부를 할애하여 흑인 문화와 미국 인디언 문화를 소개한다고 해도 백인의 시선으로 바라보고 있어 다소 편협하다는 인상을 준다. 과거 미국은 앵글로 백인이 주류가 되어 그 사회를 이끌었다. 백인 문화 이외의 문화를 주변 문화로 취급하며 미국 인디언, 흑인, 중국인, 일본인 등을 차별했던 것은 사실이지만 과거 이런 정책에 대해 비판의 목소리가 높은 것도 사실이다. 미국이 다인종·다문화 국가가 되어감에 따라 정책적으로 다양성을 존중하는 방향으로 점차 변하고 있다.

1960년대는 마틴 루터 킹 목사를 비롯한 많은 흑인들이 민권운동을 펼치던 때다. 그런 영향으로 백인 문화와는 다른 흑인 문화를 긍정적으로 평가하고 이해하려는 움직임이 일어났다. 이를 바탕으로 제임스 뱅크스James Banks는 미국에서 '다문화 교육'이라는 새로운 학문의 장르를 개척했다. 흑인 민권운동에서 출발한 다문화 교육은 이제 아시아 문화, 아랍 문화, 아프리카 문화, 성 소수자 문화 등 다양한 문화를 당당하게 주장하는 방향으로 정책을 이끌고 있다.

그런데도 불구하고 한국인이 쓴 미국 문화 서적은 백인 주류 문화를 주로 다루고 있고 흑인 문화나 아시아 문화를 변두리로 내모는 우를 범하고 있다. 이 책은 아줌마 대학원생, 학부모, 유색인종, 가난한 외국인의 눈으로 본 미국 생활을 담아 21세기 다문화주의를 지향했다.

내 연구주제가 다문화·다언어 교육인지라 나 자신과 아들의 경험담을 전공과 결합하여 이방인 한국 아줌마의 눈높이에서 풀어놓은 것이다. 사람마다 사는 환경이 다르기 때문에 내가 쓴 글들이 미국에서 사업을 하는 교민의 생각과도 다를 것이고, 가족과 함께 안식년으로 1년간 머물다 가는 방문학자의 입장과도 다를 수 있다. 미국에서 박사과정 중인 학생이더라도 이공계열 전공자나 학령기 자녀가 없는 대학원생의 관점과도 다를 수 있다.

앞으로 풀어놓을 이야기는 나와 아들이 겪은 미국 문화와 교육 그리고 플로리다에서의 생활이다. 대부분 플로리다에서 생활한 이야기라서 미국의 다른 주와 차이나는 부분도 있을 것이다. 다언어·다문화 교육을 전공하는 박사과정 학생 엄마가 겪은 소박한 경험담이다. 아이의 미국 유학을 계획하면서 미국에서의 생활이나 문화, 다문화주의에 관한 아이디어를 얻는 데 보탬이 되기를 바란다.

2015년 5월

조 형 숙

이야기 순서

\ 이야기 순서

첫번째 이야기

그 나이에
무슨 공부야

2011년 늦은 나이로 박사 공부를 결심하는 것은 그리 쉬운 일은 아니었다. 대학을 졸업하던 해 교사임용시험에 합격했을 때는 정말 기쁘고 자랑스러웠다. 나도 어엿한 교사라는 생각에 대학을 졸업하며 자격증을 딴 보람도 있고 제자들에게 내가 고등학교 때 어떻게 공부했는지 어떤 고민을 했는지 종달새처럼 지저귀기도 했다. 최선을 다한다고는 했지만 여전히 서툴렀다. 지금 돌이켜 보면 대학을 다니는 동안 교과교육 위주로 배웠고 교과를 가르치는 훈련을 많이 받았다.

초보교사였지만 내가 배운 대로 아이들을 가르치고 싶었다. 문법 번역식 방법보다는 의사소통적 방법이 언어를 배우고 익히는 데 좋다고 믿었기에 가능하면 다양한 상황을 연출하여 자신의 의사를 주고 받으며 영어를 사용하도록 유도했다. 하지만 그다지 효과가 있는 것 같지 않았다. 한국 학생들 중 영어가 중요하지 않다고 생각하는 아이들은 거의 없었으니 기본적으로 다른 과목보다 동기가 충분했음에도 불구하고, 내가 배운 교육방법이 전통적인 방법보다 더 효과적이라는 믿음이 생기지 않았다. 교수방법에 문제가 있다는 생각에 당시 유행하던 테솔을 더 공부하기 위해 휴직을 하고 2002년 미국 조지아 대학University of Georgia 으로 석사공부를 하러 떠났다.

흔히 테솔이라고 하면 한국에서는 영어 교육으로 알려져 있다. 미국에서 테솔의 핵심 이슈는 영어가 서툰 이중언어 이민 자녀에게 어떻게 영어를 가르칠 것인가이다. 테솔 대학원 과정의 대부분이 이민자 문화와 백인 문화의 차이, 다문화 교육, 중간언어의 특성, 이중언어 교육, 인종차이에 기인한 담화 분석, 이민 자녀의 정체성 등이다.

미국에 살아도 인종이 다르면 문화가 다르고, 문화가 다르면 사용하는 언어가 다르다. 학교영어는 백인 문화권에서 사용하는 백인 영어에 기초하고 있어 유색인종 미국 학생이나 이민 자녀의 자존감을 해칠 수 있다. 이들에게 표준영어를 가르쳐서 미국인으로 끌어안는 것은 국가적 과제다.

한국의 영어 교육은 미국 테솔과는 성격이 맞지 않는데도 한국인들은 테솔을 영어 교육의 지름길로 여긴다. 나 역시 그런 생각으로 미국행을 선택했지만, 여기서 배운 것은 언어교육에서 신통방통한 묘수는 없다는 것이다. 한국에서는 가르치는 방법을 많이 배웠다면 미국에서는 학생의 문화를 이해하고 서로를 존중하는 것을 중요하게 여긴다는 것을 배웠다.

나는 학생과 소통하는 데 서툴렀고 학생을 이해하는 데 어려움을 겪으며 초보교사 티를 여실히 드러냈다. 학생들은 야간자율학습을 빼먹었고 이튿날이면 도망갔던 학생을 질책하고 실랑이를 벌이는 일이 매일 같이 반복되었다. 조례시간이면 여기저기서 혼내는 소리가 들리고 체벌과 고함이 끊이지 않았다. 그렇다고 야간자율학습에서 빼버리면 학생들은 스스로 소외되었다고 느끼는지 교사에게 대들곤 했다. 도무지 탈출구가 보이지 않았다. 학생들은 좁은 실험실에 갇힌 몰모트처럼 출구를 찾아 미친 듯이 달려가다가 교사를 만나면 적대감을 뿜으며 물어뜯곤 했다. 교사의 사랑과 보살핌이 있고 학생의 믿음과 존경이 있어야 할 곳에 감시와 적대감만이 존재했다. 감시와 적대감은 평교사와 교감, 교장 사이에서도 다르지 않았다. 내가 교사로서 준비했던 것은 임용시험과 교과교육이 대부분이었지, 학생 문화를 공감하고 끌어안는 능력이 부족했다. 교장, 교감 선생님이나 동료교사들에게 마음을 열고 다가가는 데도 어려움을 겪었다.

교사생활 11년을 혼자서 버둥대다가 2006년 교직을 떠났다. 교사생활을 청산한 뒤 2010년 말까지 내 이력은 이곳저곳을 떠돌았다. 보람도 있었지만 멀미가 날 만큼 아득한 때도 있었다. 일반계 고등학교, 공업고등학교, 영재교육원, 교육대학, 입학정책실 등 수많은 교육기관을 거치면서 나를 돌아보게 되었다. 집시처럼 떠돌아다닌 듯했지만, 되돌아보니 교육기관에서 교육과 관련된 일을 했다는 것을 알게 되었다. 그것이 나의 강점이자 한계였다.

전문가가 되고 싶었다. 물론 교수가 되고 싶었지만 먼저 전문가가 되어야 했다. 무엇이든 척척 해결할 수 있는 전문가가 아니라, 무엇이 문제인지 보는 눈을 가지고 싶었다. 내가 교육현장에서 겪었던 경험을 제대로 알고 싶었다. 그리고 당시의 나를 다독여주고 싶었다. 불혹을 넘기고도 여전히 유혹에 흔들렸다. 나이가 많아 걱정을 하면 미국 교수들은 미국 교육대학원 박사학생의 평균 나이가 44세라며 용기를 불어넣어 주었다. 그러나 미국에서 마음을 터놓고 사귀는 한국인들은 걱정부터 앞세웠다.

"아니 나이가 몇인데 지금 박사 공부를 해?"

"설마 교수가 되겠다고 박사 공부하는 건 아니지?"

"나이가 많은 박사를 누가 교수로 채용하겠어. 앞으로 어쩔 셈이야?"

미국에서 살아도 한인들은 한국적 가치를 가지고 있었고 나이가 많아 박사 공부를 하는 것은 무리라는 세상사를 가르쳐 주었다. 서운하거나 실망스럽지 않았다. 하지만 '내 나이가 어때서? 공부가 좋을 뿐이야'라며 당당하게 대답하지 못했다. 공부에 나이가 중요하다는 것을 잘 알고 있었고 공부가 좋아서 한다는 알량하고 가식적인 대답도 하기 싫었다. 공부에 지칠 때도 많았다. 1년, 2년이 지나도록 영어의 장벽은 여전히 높았고 날마다 과제 하나를 끝내면 또 다른 과제가 기다리고 있었다. 처음에 좋아서 시작했다고 해도 무모한 도전은 늘 힘에 부쳤다.

미국 대학에서 가장 많은 수를 차지하는 외국인 유학생은 한국인, 중국인, 인도인이다. 그 중 대부분이 장학금과 같은 재정지원이 상대적으로 많은 이공계열이었고 인문사회계열은 드물었다. 미국 사회는 냉정하고 합리적이다. 돈벌이가 시원찮은 교육계열에서는 정년이 보장되는 나이 많은 정교수도 연봉이 6~7만 달러인데, 인기가 많은 의료, 보건, IT계열이나 전자, 기계 같은 전공은 초임 연봉이 10만 달러약 1억 원부터 시작하기도 한다. 우리 과에 같이 박사 공부를 하던 미국 학생은 학위를 받으면 약 4만 달러 정도에서 대학교수로 시작할 것 같다고 했지만, 영어가 서툰 한국인 중에는 인기가 덜 한 이공계열을 전공하여 학위를 마치고 첫 직장에서 연봉 4~5만 달러는 거뜬히 받고 대학 교수가 되면 7~8만 달러, 대기업이라면 10만 달러 이상도 기대했다. 인기가 좋은 이공계열이라면 연봉도 훨씬 높고 취업기회도 더 많아진다.

내가 전공을 정하던 시절에는 여자라면 교사가 취직도 잘되고 안정적이라 전망이 좋다며 사범대학으로 진학했다. 세월이 흐르니 이공계열이 인기도 좋고 취직 후 대우도 좋은 시절이 되었다. 미국에서 생활하려면 교육비도 교육비지만, 생활비가 만만치 않다. 학비 감면에 장학금을 받고도 생활비가 모자란 이공계열 학생은 은행빚을 내어 공부한다. 대부분 수학기간도 3~5년 정도로 짧은 편이고 졸업할 즈음 7천만 원~1억 원 정도의 빚이 있더라도 취직하고 2~3년 후부터 보너스를 받기 시작하면 '한방'에 갚을 수 있어 그다지 문제가 되지 않는다고들 한다. 인문사회계열은 재정지원도 빈약하고 박사과정은 5~8년 정도로 긴데다가 취직도 불투명하니 은행빚으로 공부를 마치면 빚더미에 올라앉기 십상이다.

미국 생활 3년이 되던 학기에 저축해둔 돈이 바닥을 드러내고 있었다. 엎친데 겹친 격으로 그때까지 하고 있던 연구조교 자리를 연장해 줄 수 없다는 통보까지 받았다. 학과사정이 여의치 않다고 했다. 1,400만 원에 가까운 한 학기 등록금을 마련할 길이 없어 거의 미칠 지경이었다. 지도교수에게 도움을 청해 보고 도저히 방법이 없으면 포기할 참이었다.

"한국에 있는 은행에서 융자를 받는 게 어떤가? 내 아들도 지금까지 은행 융자로 공부하고 있는데 지금까지 빚이 얼마나 많은지 모르네. 자네는 박사학위를 받으면 한국으로 돌아가 취직을 해서 갚을 수 있을 테니 빚이라고 생각하지 말고 투자라고 생각하고 마음 편히 갖게. 자네라면 지금까지 잘 해왔고 이 시련도 잘 이겨낼 거라고 믿네. 이 학위는 자네 학위고 자네 교육비도 자네에게서 나와야 하지 않겠나."

지도교수의 목소리는 친절하고 부드러웠다. 지극히 미국적인 대안에 당황할 수밖에 없었다. 나는 박사 공부를 접기로 마음먹고 아파트로 돌아와 한국에 있는 남편에게 전화를 했다.

유학을 준비하면서 읽은 책 중에는 가난하지만 열심히 노력해서 성공한 아메리칸 드림 이야기들이 많았다. 책에서는 하나같이 미국은 노력한 만큼 얻을 수 있고, 받은 만큼 사회에 되돌려줄 수 있는 기회의 땅이라 말하였다. 막상 유학을 와서 생활해보니 그들의 기회는 기적에 가까웠고 그래서 그 성공담이 책으로 나올 수 있었음을 뼈저리게 느꼈다.

나름 노력한다고 했지만 미국 생활에 치이고 심신은 지쳐 실패의 늪에서 절망을 맛본 수많은 이들이 그 성공담에 가려 보이지 않았을 뿐이다. 현실은 글로 극복할 수 있는 것이 아니었고, 나는 희망의 증거가 되기에 역부족이었다. 그간 미국에서 살아남은 성공담을 많이 읽은 것을 자책하기도 했다. 사람들은 승자의 무용담엔 열광했지만 실패자의 넋두리에는 귀 기울이려 하지 않았다. 내가 읽은 책들은 '실패를 두려워하지 말라'고 했지만 나는 실패가 무서웠다.

'마흔 셋에 시작한 미국 생활을 3년 만에 포기하고 한국으로 돌아가 다시 오뚝이처럼 일어서라고?'

난 에너지가 거의 남아 있지도 않았다. 희망도 열정도 바닥이 드러나는 감정자본이란 걸 알게 되었다.

내가 미국 유학생활을 하면서 가장 힘든 것은 공부가 아니라, 비싼 등록금에 비해 재정지원이 없어 겪는 생활고였다. 게다가 나 같은 경우는 플로리다로 올 때 데려온 10살 난 아들이 있어 생활고가 겹치자 감당하기 힘들어진 것이다. 두 번째로 어려운 점은 영어가 모국어가 아니다 보니 생기는 문제들이었다. 오히려 박사 공부는 열린 자세로 잘 이끌어준 교수들 덕에 한국에서 한국인 교수들에게 배우는 것보다 마음고생은 훨씬 덜 했다. 맘에 들지 않으면 노골적으로 물 먹이는 한국인 교수에게 하듯이 비위를 맞추기 위해 공부 외에 애를 쓸 일이 적었다.

그러나 좋은 교육 서비스는 비싼 학비가 되어 되돌아왔다. 나는 지도교수의 조언대로 그 시련을 이겨내보기로 했다. 아이 아빠는 생활비에 이어 학비까지 부쳐주었다. 결국 우리 부부가 노후자금으로 쓰려던 돈까지 몽땅 털어 쓰고 있다는 생각에 몸도 마음도 시들어가고 책은 눈에 들어오지 않았다.

'이공계열로 진학했었다면 얼마나 좋았을까?'

'지원금도 적고 가난한 교육계열에 왜 왔을까?'

'내가 여자가 아니었다면 내가 교사가 되려고 했을까?'

부질없는 잡념들이 나를 괴롭혔다. 교사가 되기를 원했던 부모님과 취직 잘되고 대우도 좋다며 사범대학을 권했던 담임선생님까지도 원망스러웠다. 나 역시 교직을 떠난 후에도 교사라는 딱지가 뜯겨져 나간 자리가 아프고 쓰라렸다.

낯선 미국 땅에서 내 가족이 다문화 가정이 되고 다문화 학생의 부모가 되자 무엇인가 가슴에 쿵 하고 박히는 것을 느꼈다. 한국보다 절반 정도 싼 나이키 운동화도 아이에게 사주지 못하는 가난한 다문화 엄마가 되면서 한국에 사는 다문화 가정의 부모 마음을 조금이나마 이해할 수 있을 것 같았다. 석사시절부터 다문화 교육, 다문화 감수성 교육, 문화 차이, 문화 간 의사소통, 문화적 배려, 이민 자녀 언어교육, 다인종 학교 정책 등을 배웠다. 그런데 아들을 미국의 공립학교에 보내면서 수많은 이론들을 머리가 아니라 가슴으로 이해하게 되었다. 값진 경험이었고 배움이었다.

우리 부부의 애초 목적은 내가 박사학위를 받고 아이는 영어를 유창하게 배워 무사히 귀국하는 것이었다. 그러나 현실은 냉정했고 낭만적인 이상에 지나지 않았다. 미국 공립학교 시스템을 몸으로 배웠고, 철부지 아들이 중학생이 되면서 서서히 인종담론의 한가운데서 다치고 멍드는 것을 보았다.

조카가 미국에서 공부하고 싶어 했다. 정상적인 절차대로라면, 조카가 부모 없이 혼자 미국 학교로 유학을 가려면 사립학교 입학허가서I-20와 학생 비자F-1를 받아 사립학교에 등록해야 하지만, 그럴 경우 학비가 비싸다. 그래서 남편과 의논하여 우리 부부가 조카를 입양하여 아들로 삼고 나의 I-20 서류를 통해 부양가족 비자F-2를 발급받아 2013년부터 아들과 같은 중학교, 같은 학년에 다닌다. 아들과 한방을 사용하고 학비가 무료인 공립학교에 등록하면 생활비 부담이 크지 않다. 아들보다 넉 달 먼저 태어난 조카가 졸지에 우리 부부의 큰 아들이 되었다. 그렇게까지 해서 영어를 배우고 미국 학교를 다녀야 하는지 의아해 하는 사람도 있을 수 있다. 그러나 미국 학교에 다니는 아들을 보며 좋은 교육을 받고 영어까지 익힐 수 있어서 만족하는 편이다.

어느덧 영어 교육으로 시작된 내 연구분야는 다문화·다언어 교육으로 더 깊어졌고, 두 아이와 플로리다에서 다문화 학생의 엄마로서의 삶을 시작했다.

두번째 이야기

미국에서 싱글맘으로
아이를 키우다

2011년 플로리다 대학으로 유학 올 당시 가져온 이민가방 네 개, 트렁크 한 개, 책가방 두 개와 노트북 컴퓨터 두 개로 미국 생활이 시작되었다. 한국에서는 직장일로 바빠 아이와 시간을 같이 보내지 못했는데 이곳 에서는 아이와 보낼 시간이 많아졌다. 학교에 입학시킨 아이를 아침에 학교로 데려다 주고 오후에 데려오는 차 안에서 둘은 낯선 경험들을 주 고 받으며 조금씩 새로운 생활에 적응해 나갔다.

　서너 달이 지났을 무렵이었다.

　"엄마, 미국 오면서 갑자기 우리가 가난해진거 같지 않아?"

　"당연하지. 엄마는 이제 돈을 벌지 않고 공부해야 하니까 돈이 많이 들어가서 그런 거야."

　"왜 돈을 안 벌고 공부를 해?"

　"……."

　이후로도 아이는 수시로 언제 공부를 마치고 돈을 버는지 물어왔다. 이런 이야기를 세미나 시간에 우스갯소리로 했더니 '언어, 문해교육 및 정치학Language, Literacy, and Politics'을 가르치던 중국계 단링 푸Danling Fu 교수는 자기가 박사과정 시절 겪었던 경험을 들려주었다. 그 교수의 아들이 어느 날 버럭 화를 내면서 물었다는 것이다.

"언제까지 공부만 붙들고 있을 건데? 언제 공부 마치고 취직할 거야? 도대체 얼마나 더 이러고 살아야 해?"

인문사회계열에서 박사과정을 하고 있는 학생들 중 아이가 있는 가정은 대개 비슷한 일을 겪는다며 위로해 주었다. 인문사회계열 박사학위는 가족의 고통이 더 크다. 장담하건대 숱한 성공담 베스트셀러를 읽지 않고 현실을 제대로 알았더라면 이렇게 일을 벌이지 않았을 것이다. 나는 박사 공부를 하고 아이도 영어를 배우고 미국 학교를 경험하면 일석이조라는 낭만이 우리의 미국행을 부추겼는지도 모른다. 무식하면 용감한 법이다.

아이 만큼은 영어를 편하게 구사했으면 하는 바람이 있어 유치원부터 영어를 가르치기 시작해서 미국으로 갈 때까지 아들은 만 5년을 '매일' 영어 학원을 다녔다. 영어 유치원과 영어 학원을 다녔으니 그래도 남들보다는 조금 낫겠지 기대했지만 그다지 효과를 본 것 같지는 않다. 영어 학원에서는 숙제로 'investigate' 'inquire' 'inspire' 'invent' 등 라틴어 어근을 위주로 한 단어를 하루에 10-20개씩 외우게 했다. 당시에도 어린애들한테 왜 이런 단어를 매일 외우게 하는지 불만스러웠지만, 그냥 학원의 방침인가 보다 하고 내 일이 바빠 그냥 내버려 두었다.

역시 쓸모없는 짓이었다. 문맥과 상황 속에서 익히지 않은 그 어휘들은 전혀 기억하지 못하고 있었다. 하루에 10개씩 외우고 다음날 쪽지시험을 치고 나면 잊어버리고 그날 또 새로운 단어를 외우는 식이었다. 미국에서 또래 아이들이라면 충분히 알고 있을 단어인데도 문맥과 상황 속에서 익히지 않고 단어의 철자와 뜻만 달달 외웠던 것이다. 어른도 운전하면서 외웠던 앞 차 번호판은 단기기억에만 잠시 저장될 뿐이지, 장기기억으로 넘어가서 새로운 학습의 원천이 되지 못하는 것과 같다. 아들은 막상 미국에서 수업을 받을 때는 몇 년간 열심히 외웠던 단어를 정말 하나도 기억하지 못했다.

반면, 'rice' 'skin' 'eyes' 'legs' 'pencil' 'telephone' 'memo' 'pillow'와 같은 단어들은 즉각 꺼내 쓸 수 있는 메모리 속에 있는 것 같았다. 미국 플로리다 게인즈빌 공항에 도착하던 첫날 임시 숙소로 가는 길에 달걀, 과일, 우유 등 다음 날 아이에게 먹일 음식을 사러 마트부터 들렀다. 아이는 마트에서 자신의 영어를 미국인에게 시험할 기회라며 자기에게 맡기라고 했다.

"Today, we arrive here.우리는 오늘 이곳에 도착했어요."

"Where is apple?사과는 어디 있나요?"

이것저것 구경하고 말도 걸어보면서 마트를 누비고 다녔다.

아들은 또래 아이들보다 성장발달이 1년 정도 늦은 편이었다. 명랑하고 종알종알 말이 많은 전형적인 외향성 사내아이다. 명랑한 성격이지만 대인민감성은 떨어지는 편이었다. 거의 6학년 초까지 내적 언어inner speech*를 중얼거리며 혼자서 상상놀이를 하곤 했다.

유학생활이 1년 쯤 지날 무렵, 백인 아저씨가 자신이 하는 영어를 잘 알아듣지 못한 적이 있었다.

"엄마, 저 아저씨 미국 사람처럼 생겼어도 미국 사람이 아닌가봐. 내가 하는 영어를 못 알아들어. 아마 영어를 모르는 사람인가 봐."

"말을 논리적으로 알아듣게 해야 저 아저씨도 알아듣지."

"우리 학교 선생님들은 다 알아듣고 나보고 잘한다고 하시는데…"

"……"

아들은 낯선 상황에서 주눅이 들지도, 영어 스트레스도 받지 않았고 늘 방글방글 웃는 편이다. 말이 되든 안 되든 영어로 말하는 것을 좋아해서 말하기가 빨리 늘었다. 이에 반해 2년 늦게 미국으로 건너 온 조카는 대인민감성이 높고 눈치가 빠른 의젓한 모범생 타입이었다. 조카는 듣기가 말하기보다 빨랐다.

임시거처에 있다가 추천을 받은 아파트를 계약했다. 그런데 막상 들어가보니 내가 다니는 플로리다 대학과 거리가 멀어 가는 데만 50분이 걸리는 데다 월세가 비싸서 감당할 수가 없었다. 그곳에서 지내면서 아

---

* 내적 언어란 레프 비고츠키(L. S. Vygosky, 1896~1934)의 언어발달 이론에서 사용된 개념이다. 머릿속으로 숫자를 세는 것처럼 언어가 사고로 내면화되는 것을 중재하는 단계를 말한다. 어린 아이들은 복잡한 사고를 할 때 중얼거리면서 내면의 사고단계를 입 밖으로 말하는 경향이 있다. 이런 현상은 나이가 들고 성숙해짐에 따라 횟수가 현저히 줄어든다.

들이 다니던 히든오크 초등학교는 게인즈빌에서 좋다고 소문난 초등학교였다. 아이도 마음에 들어 하고 재미있어 하긴 했다. 한국 교민과 안식년 교수들이 선호하는 1순위 학교라서 영어가 서툰 한국 학생도 20명 정도나 되어 친구도 많았다.

얼마 후 교육대학원 건물과 가까우면서도 월세가 싼 곳으로 이사를 하고 주소지에 배정된 학교로 아이를 전학시켜야 했다. 나는 학교와 가까워서 수업이나 연구조교 업무도 편하게 할 수 있었다. 이웃은 대부분 플로리다 대학에서 공부하거나 일하는 사람들이라 조용하고 정신없이 바빠 보였다. 그런데 그 아파트에 배정된 초등학교는 학생들 대부분이 흑인과 가난한 유색인이었다. 학교에 전학서류를 처리하고 담임선생님께 아들을 데려다 주고 돌아보니 그 학급의 백인은 교사 한 명뿐이었고 그 다음으로 아들 얼굴이 하얀 것 같았다. 흑인지역의 학교라는 것을 실감했다.

'노예해방이 이뤄지고 인종차별이 철폐된 이후에도 왜 학교에서 인종분리가 일어나고 있는 것일까?'

'왜 어떤 학교는 대부분이 백인이고 또 어떤 학교는 대부분이 흑인으로 구성되어 있을까?'

플로리다 주는 다른 주에 비해 유색인종 비율이 높은 편이다. 유색인종 비율이 높은 만큼 열린 다문화 교육이 잘 정착해 있는 편이며 유색인 이민자들이 사는 데 좋은 조건을 갖추고 있다. 날씨도 좋고 사시사철 꽃이 피고 사람들은 활달하고 유쾌하다. 인종적 배경이 다양한 사람들이 많이 산다는 것은 그만큼 인종차별이 적고 유색인종이 자신의 권리를 지킬 수 있는 환경이 자연스럽게 마련되어 있다는 뜻이다. 백인이 과반수를 넘긴 하지만 수년 이내로 50% 미만으로 떨어질 것이라는 전망이 나왔다.

히든오크 초등학교는 한 반에 20명 내외의 학생 중 대부분이 백인이며 1, 2명 정도가 흑인이나 아시아계 학생이었다. 그 초등학교를 다니던 한 달간 인종차별이나 인종분리에 대한 생각을 못하다가 흑인과 유색인종이 대부분인 학교로 전학을 간 첫날 우리 아이가 그 반에서 가장 밝은 피부 톤을 지녔다는 것을 내 눈으로 목격한 순간 미국이란 사회의 인종문제가 성큼 다가왔다. 정신이 번뜩 들었다.

'히든오크에서는 왜 못 느꼈을까?'

'흑인 학교에 가자마자 피부색이 도드라져 보이고 인종문제가 실감나는 것은 왜 일까?'

'백인 아이들 틈에 있으면 안심이 되는데 흑인 아이들 틈에 있으면 왜 인종문제가 실감나는 것일까?'

'내가 인종주의자인 것일까?'

학교를 다녀와서 숙제가 무엇인지 물어도 잘 모른다고 하고 무엇을 배웠는지 물어도 모른다고 하니 미국에서 혼자 아이를 키우는 싱글맘으로서 어찌해야 좋을지 몰랐다. 아침에 학교에 보내니까 학교에 가고 수업을 마치면 눈치껏 스쿨버스를 타고 오는 식이었다. 내가 집에서 교재를 보면서 진도를 맞춰주고 싶어도 아이들에게 교과서를 나눠주지 않아 여의치 않았다. 교과서는 교육청의 재산이라 수업시간에 교실에서 진도를 나갈 때만 보라는 것이다. 집으로 교과서를 가져오려면 교사의 허락이 있어야 할 뿐 아니라, 미디어센터* 사서의 허가를 받고 대출을 받아야 한다. 즉, 교과서는 학교에서 보는 교재일 뿐 학생들이 집에서 공부하기 위해 보는 책이 아니라는 정책이다.

이것을 두고 사회학자 김광기 교수는 한국처럼 교과서를 학생이 가져가서 원할 때마다 읽고 중요부분은 밑줄도 쳐가며 책이 닳도록 봐야 자기 공부가 되는 것인데, 미국은 재정이 부족해 교과서를 몇 년씩 쓰기 위해 학생들에게 나눠주지 않고 학교에 두고 다니게 하는 것을 지적한 적이 있다. 그는 우리가 아는 미국은 없다고 주장했다.

나 역시 처음에는 한국 방식에 수십 년 길들여져 있어서 교과서를 학생에게 나눠주지 않으니 불편하고 이상했다.

'미국이 미쳤나 봐'

'어떻게 교과서를 안 주고 이럴 수 있지?'

'교과서가 없으면 어떻게 공부를 하지?'

'교과서에 밑줄도 못치게 하다니 너무 심한 거 아냐?'

하며 1년도 넘게 투덜거렸다.

---

*   학교 도서관에 해당하는 이곳에서는 책도 읽고 컴퓨터로 수학문제를 풀거나 과학자료를 찾거나 프린트를 사용하거나 음악감상 등을 할 수 있다. 도서, 컴퓨터, 프린터, 오디오 시설 등을 갖추고 있어서 미디어센터라고 한다.

STATE _____			Book No. _____ 12277

아들이 1년 동안 대출받아 수업에 사용한 교과서.
이 교과서는 앨러추아 카운티의 재산이라고 명시되어 있고,
지난 3년간 누가 사용했는지 기록되어 있다.

그러나 이곳 생활에 익숙해지면서 관점이 달라져 갔다. 교과서에 밑줄을 치면서 외우는 공부를 하지 않는다는 것을 알게 되었다. 예습과 복습이 필요한 경우에는 숙제를 내주고 공부하도록 유도하는데, 수학 익힘책을 한 장씩 복사해서 나눠주곤 한다. 과학 숙제로 '멸종위기에 처한 동물을 한 가지 골라 왜 그 동물을 보호해야 하는지 한 문단 써오기', 수학 숙제로 '구구셈 7단을 공책에 써 보기' 등을 내주었다. 그러니 한국에 비해 공책을 많이 사용하는 편이다.

교과서에 낙서를 하거나 교사의 설명을 적어둘 수 없으니 공책에 수업내용을 요약하여 정리하는 법을 많이 가르친다. 기본적으로 학과 공부는 학교에서 교사와 함께 진행되고, 학교를 마치고 집에 오면 간단한 숙제나 운동, 독서를 하게 된다. 물론, 교과서가 필요한 숙제를 내줄 때는 교과서를 가지고 가도록 한다. 교과서를 분실하면 책값을 물어주어야 하고 3-7년 정도 물려쓰기 때문에 훼손하거나 낙서를 하지 못하도록 한다.

미국은 독서를 매우 중요시한다. 학과 공부는 수업을 잘따라오고 성실하게 이수하면 우수반advanced class으로 이동시켜 심화학습을 독려한다. 우수반에서 착실히 공부하여 수업 대부분을 이해하면 A학점을 준다. 그러나 매 수업마다 독서를 중시하기 때문에 학교를 마치고 집에 오면 쉴 틈 없이 책을 쌓아놓고 읽어야 해서 처음 한두 해는 아이가 무척 힘들어 했다. 책을 많이 읽게 하기 위해 학교 선생님이 스티커, 학용품, 상장, 맥도날드 쿠폰 등을 상으로 주기도 한다.

어느 날 6학년 아들이 푸념을 늘어놓았다.

"내가 이러다 책에 빠져 죽을 것 같아요."

"엄살 좀 떨지 마. 엄마는 하루 종일 이러고 산다. 영어 울렁증이 생겨서 영어만 보면 속이 매슥거려."

"그나마 수학시간에는 영어 부담이 적어서 좀 편했거든. 그런데 이번 주에는 수학시간에도 수학자에 대한 책을 읽고 조별 토론하고 독후감까지 써 오래. 수학시간에는 독서 좀 안 하고 싶어. 명색이 수학인데."

수학마저 독서 숙제를 받아왔다. 교사는 수학자가 어떻게 수를 다루고 어떻게 해당 수학공식을 정립했는지, 어떻게 학계에 발표하고 토론했는지를 알아야 나중에 수학자가 되었을 때 수학공식을 정립할 수 있다고 강조했다. 단지 공식을 이용해서 수학문제를 푸는 것은 기계적인 수학 노동자의 역할이고 수학 영재들은 기본 철학이 탄탄해야 수학계를 이끌 수 있다고 했단다. 이러니 학교 교과서가 그다지 필요하지 않았다.

조카 역시 독서를 힘들어 했다. 첫 1년 동안 거의 매일 밤 12시까지 책을 읽으면서도 분량을 다 읽지 못해 울상을 짓곤 했다. 조카가 6개월이 지나자 볼멘소리를 했다.

"한국에 있을 때는 책은 많이 보는데 독서는 안 했던거 같아요. 참고서에 밑줄을 치면서 보고 또 보고 그랬거든요. 그런데 여기 학교에서는 독서를 너무 강조해서 힘들어요. 안그래도 영어가 달려서 읽기 힘든데 자꾸 독서 숙제가 쌓이니까 미치겠어요."

처음 다녔던 히든오크 초등학교에서는 영어가 서툰 아이를 배려해 교사가 숙제를 칠판에 적어두고 아이에게 적어가라고 할 뿐 아니라, 수업을 마치기 전에 다시 얼굴을 보며 천천히 손짓발짓을 섞어가며 설명을 해 주었기 때문에 아이가 숙제를 정확히 알고 있었다. 그런데 두 번째 학교에서는 그런 보살핌이 없었기 때문에 아이는 하루 종일 멍청하게 있다가 집으로 돌아왔다. 흑인 아이들은 표준영어를 구사하지는 않지만 그래도 영어로 의사소통하는 데는 문제가 없다. 그래선지 흑인 학교의 교사는 영어가 서툰 아시아계 유색인종 학생을 대하는 훈련이 부족한 것 같았다.

다시 이사를 하기도 어렵고 고민하던 차에 지도교수인 코디 박사에게 상의했더니 영어가 모국어가 아닌 학생들을 위해 카운티에서 초등학교 1곳과 중학교 1곳에 이솔 교육 프로그램을 제공하고 있다는 것이다. 특수 목적으로 설립된 마그넷 학교는 미술 마그넷 학교, 체육 마그넷 학교 등 공통교과는 카운티 교육청의 지침을 따르되 특정 프로그램을 집중 운영한다. 코디 박사는 이솔 마그넷 학교인 핀리 초등학교J. J. Finley로 전학을 시키고 이솔 교육으로 석사학위를 가진 전문 교사에게 교육을 받는 것이 좋겠다면서 교장에게 직접 전화를 넣어 제자 한 명이 아이를 전학시키고 싶어 한다고 말하고 약속시간을 잡아주었다. 다시 세 번째 학교로 옮길지도 모르는 상황이 되었다.

친하게 지내는 한국인 교민들에게 물어보니 이솔 학교는 학생들이 모두 영어를 못하는 애들로 구성되어 있어서 결국 영어를 제대로 배울 수가 없을 거라고 충고해 주었다. 처음에는 다들 고생하지만 영어 쓰는 학생들이랑 어울리다보면 차츰 영어에 익숙해질 거라면서 그냥 일반 학교에 보낸다고 했다. 지도교수에게 들었던 것과는 또 다른 이야기를 듣고는 어찌 해야 할지 걱정에 걱정이 쌓이던 나날이었다.

박사과정 첫 학기는 나도 공부 분량이 많고 학교 사정에 익숙지 않아 하루 종일 묻다가 볼일 다 본 느낌이었다.

"학생 식당은 어디 있나요?"

"NRN 153 강의실은 어디 있나요?"

"우리 과 디렉터와 코디네이터는 각각 무슨 일을 하나요?"

"복사는 어디서 하나요?"

"프린트는 어디서 하죠?"

"복사 카드는 어디서 사야 해요?"

"학생증 충전은 어디서 해요?"

"캠퍼스 안에 은행은 있나요?"

"우체국은요?"

한 학기 동안 두 번이나 이사하고 학교를 옮기느라 정신 없이 힘든데 아이가 학교에 적응을 못하고 한국어도 영어도 말수가 줄어드니 걱정이 앞섰다.

미국은 백인 주거지역과 흑인 주거지역이 나뉘어져 있어서 자연스럽게 백인 주거지역에 있는 학교는 백인 학교가 되고 흑인 주거지역에 있는 학교는 흑인 학교가 되는 사회 시스템이었다. 서울의 강남 8학군, 부산의 동래 4학군, 해운대 학군, 대구 수성구 학군이 좋다고 해도 외부 사람이 학군이 나쁜 다른 지역의 학교와 비교해 봐서 한눈에 알 수는 없지만, 미국의 학군은 학생들의 피부색깔로 확연히 드러난다.

그런 와중에 다시 영어가 부족한 아이들을 위해 설립된 이솔 마그넷 학교로 다시 전학을 앞두고 있으니 마음이 무거웠다. 영어 못하는 애들끼리 모아두고 합법적으로 차별하는 것은 아닌가 하는 의심도 들었다.

다음날, 핀리 초등학교 교장과 만나기로 한 시간에 아이를 데리고 학교로 갔다.

우려와 달리, 핀리 초등학교 학생의 일부만 영어가 모국어가 아닌 이솔 학생이었고 대부분은 미국 학생들이었다. 수업은 하루 6시간 중 2시간 영어수업은 이솔반에서 이솔 교사 자격증과 석사학위를 가진 교사와 다른 도우미 교사와 함께 수업을 받는 풀아웃pull-out 프로그램으로 진행되었다. 나머지 사회, 과학, 수학과 예체능 교과는 미국 학생들과 함께 정규반에서 받았다. 상담도 담임선생님, 이솔 교사, 학부모가 함께 참석해 이루어졌다.

영어를 빨리 습득하기 위해 ARAccelerate Reading이라는 독서 프로그램에 등록한 후, 한 학기 동안 정해진 독서분량을 채우길 권했다. 학교에서는 이솔 학생을 위해 무료로 방과후수업도 진행하고 있었고 교육청

핀리 초등학교 4, 5학년 이솔반에는 학생 사진을 출신국가에 붙인
세계지도가 걸려 있다. 스페인어를 사용하는 중남미계 학생과
미국령 푸에르토리코에서 온 학생이 많은 편이다.
아들은 이 지도를 보면서
'호세, 라이샤와 아멜리아라는 푸에르토리코 친구들이
대서양 바다에 빠져 있어 불쌍하다'고 했다.

에서 교육비를 전액 부담하는 경험 많은 개인 영어교사도 한 학기 동안 붙여주었다.

이슬반에 등록된 약 20명의 학생들은 남미계가 가장 많았지만 아시아와 유럽 각국에서 온 학생들도 있어 다양한 문화를 배울 수 있었다. 그 학생들 상당수가 서로 통하는 부분이 많아 친하게 지냈다. 나머지 학생들은 백인 비율이 높고 흑인과 남미계가 적절히 섞여 있어 인종구성 비율도 좋은 편이었다. 또한 이슬 마그넷 학교로 지정되면 이슬 학생들 덕에 학교 지원금을 많이 받고 있어 다문화·다언어 분위기가 정착되어 있었다. 문화, 인종, 언어가 달라도 아이가 덜 위축되는 것 같았다.

교육청 홈페이지에 들어가 학교 등급을 확인해 보니 과거 10년 중 9년간 A 등급을 받은 학교였다. 이슬 교사는 백인 주류 문화 외의 다른 문화에도 개방적이고 다른 교사에게 이슬 학생들의 문화를 어떻게 이해해야 하는지 자주 설명해 주고 있어 다른 교사들까지도 열려 있었다. 학군이 좋다고 소문난 히든오크 초등학교보다 교과과정이나 전체 분위기가 더 좋은데도 이슬 마그넷 학교라서 영어를 못하는 이슬 학생만 있을 것이라는 오해 탓인지 한국 학생은 아들 외에 1명밖에 없었다.

이민 자녀는 문화적으로 백인 문화에 위축될 뿐만 아니라, 언어적으로도 영어를 구사하는 백인보다 자신을 열등하게 생각하는 경향이 있다. 그래서 영어만 배우고 백인 문화만 따르려 하는 이민 자녀가 흑인 문화나 다른 이민자 문화를 무시하기도 한다. 아들은 초등학교 4학년 때 미국으로 왔고 한국어를 잘하는 데다 한국인 정서가 있어 문화적 억압은 그다지 걱정하지 않았다.

미국에 온 지 한 학기가 지나고 새 학기가 시작될 즈음이었다. 우편함에 우편물을 챙기러 나가는 길에 흑인 엄마와 함께 오는 피부색이 밝은 서너 살 아이와 마주치게 되었다. 나중에 안면을 트고 보니 에티오피아 출신 흑인 유대인 엄마가 미국 백인 유대인 아빠와 결혼한 것이었다. 처음 마주칠 때 아이 피부색이 엄마와 다른 것을 보고 아이 아빠는 앵글로 백인인가 하는 생각을 하는데 느닷없이 아들이 나를 질책하듯 입을 열었다.

"엄마도 미국에 왔으면 노력 좀 해. 저 아줌마는 노력하니까 거의 백인 아기를 낳았잖아. 엄마는 저 아줌마보다 더 희니까 금방 백인 동생을 낳을 수 있을 거야."

"너는 황인인데 백인 동생이 있으면 이상하지 않겠어?"

"아니, 난 백인이 좋아. 금발이었으면 더 좋겠어. 그럼 내가 안고 다니면서 '내 동생은 백인이야' 그렇게 말하면 아무도 날 무시하지 못하겠지."

"황인이라서 다른 친구들이 널 무시하니?"

"아니."

"그런데 왜 백인 동생이 좋아?"

"학교에서도 백인 애들은 멋있어 보여. 선생님도 다 백인이고 청소하고 물건 옮기는 사람만 흑인이야. 당연히 백인이 좋지."

"그럼 황인은 왜 싫은 건데?"

"황인이 싫다기보다 백인은 멋있어 보이고 흑인은 무서워 보이고 황
인은 이것도 저것도 아니야. 백인 동생이 있으면 큰소리치면서 자랑
할 수 있지 않겠어?"

우리 아이는 잘 지내고 있겠거니 여겼고 영어만 제대로 배우면 한국
어와 영어 모두를 잘 구사할 수 있을 거라는 기대만 있었다. 나처럼 이
미 성인이 되어 미국으로 가는 경우 주류 사회에 어울리기도 어렵지만,
백인 문화를 선호하며 백인 문화를 가치판단의 준거로 삼거나 백인의
기준을 내면화하지는 않는다. 어른들은 아무래도 문화적 기준은 한국
식이 훨씬 더 강한데 반해, 아이들은 하루에 6–10시간씩 학교에서 지내
고 미국 아이들과 많이 어울리다 보니 자연스럽게 미국 문화에 노출되
는 강도도 높고 백인우월주의에 쉽게 빠져들고 있었던 것이다. 내가 전
공으로 배우고 있으면서도 왜 내 아이만은 다를 것이라고 믿었는지 모
를 일이다.

인종차별이 철폐되었다고 해도 인종 간 주거지역이 다르고, 백인 학
교와 흑인 학교가 나눠지고, 학교에서 백인은 교사로, 흑인은 청소부로
일하고 있다. 한마디로 철저하게 인종차별이 진행되고 있는 것이다. 그
런 모습을 보는 아이들에게 '인간은 평등하다' '최선을 다해라' '직업에
는 귀천이 없다' '모두가 너 하기 나름이다'라는 말은 소용이 없다. 한국
에서 미국으로 건너온 10살 아이가 한 학기 만에 백인 금발 동생이 있
으면 좋겠다고 유색인 엄마에게 분발을 촉구하는 것을 봐도 인종차별

의 제도적 장치는 국적과 문화를 넘어 다음 세대로 진행하고 있는 것
이다.

한국에서는 내가 일을 하고 있었고, 더구나 아이가 초등 3-4학년이
었을 때는 내가 입학사정관으로 근무하고 있었다. 입시철이 되면 눈코
뜰 사이가 없이 바빴다. 남편도 항상 늦었기 때문에 아이는 자연 집에
방치되었고 저녁은 혼자서 분식집, 돈까스집, 김밥천국에서 사먹는 날
이 많았다. 심지어 장을 보러 갈 틈도 없이 바쁠 때면 아이에게 당근, 두
부, 미역국 끓일 소고기 5천원어치를 사놓으라는 식으로 장보기까지 맡
기곤 했다. 부모 없이 방치되면 텔레비전, 게임, 컴퓨터 오락 등에 빠진
다는 것을 잘 알면서도 어쩔 수 없었다.

미국에 도착한 지 3일째 되던 날 지도교수와 첫 대면을 했다. 수강신
청과 학기준비에 관한 이야기를 나누려고 만났는데 아이가 있다고 하니
꽤 긴 시간을 아이에 관해 이야기했다. 학생이기 때문에 수입이 적으니
아이를 위해 무료급식을 신청하고 방과후수업도 할인을 받으라고 했다.
한국으로 치면 기초생활수급 아동으로 신청하라는 것이었다.

미국에서는 아이가 만 12세가 넘을 때까지는 절대로 아이 혼자 두면
안 된다고 못을 박았다. 아이가 혼자 있는 모습을 들키거나 경찰에 신
고가 접수되면 처음에는 경고조치를 받고 부모가 가족상담이나 심리
치료를 받도록 권한다. 이런 일이 누적되면 법원에서 아이에 대한 친권
및 양육권을 가져간다. 아이를 다시 데리고 오려면 아이를 잘 양육할

수 있다는 것을 재판을 통해 증명해야 한다. 물론 나와 같은 외국인은 강제 출국을 당한다. 아동방임은 아동학대에 해당하여 연방법에 위배된다며 외국인 학생인 나에게 주의를 주고 싶은 부분이라고 여러 번 강조했다. 아동보호에 대한 기본적인 설명이 끝난 이후에야 나의 박사 프로그램에 대한 조언을 들었다.

교육 대학원의 박사과정 학생 중에는 현직 교사들이 많아 저녁에 수업이 많이 개설된다. 보통 5-8시 사이에 수업이 많다. 아이가 혼자 있는 모습을 들키면 안 되기 때문에 저녁에 수업이 있는 날은 블라인드를 치고 아이에게 혹시 누가 와서 문을 두드리더라도 절대로 인기척을 내서는 안 된다고 신신당부를 했다. 그렇게 아이가 12살이 될 때까지 아파트에 혼자 두고 2년 간 학교 수업을 들었다. 대학원 친구들이나 교수들이 아이는 누가 돌보느냐고 물으면 파트타임으로 돌보미를 구했다고 대충 둘러대곤 했다. 수업을 들으러 나갈 때는 아이를 혼자 두고 나가는 것을 이웃이 보고 경찰에 신고할까봐 항상 주위를 둘러보고 경계하면서 도망다니듯 학교를 오갔다. 하루는 택배직원이 와서 물건을 받기 위해 아이가 문을 열었는데 혼자 있는 것을 보고는 놀라서 어른은 어디 있냐고 묻더란다. 아들은 '엄마가 샤워 중인데 우리 엄마를 만나고 싶으냐?'며 재치 있게 위기를 넘겼다고 했다.

이렇게 한 해, 두 해가 지난 어느 날 아들과 나란히 식료품을 사러 마트에 가면서 아이가 문득 말을 꺼냈다.

"한국에 있는 아빠가 보고 싶긴 하지만 그래도 미국에서 우리 둘이

외롭게 같이 사는 것도 참 좋지 않아?"

그랬다. 우리 둘이서 외롭게 살았지만 그럭저럭 좋은 점이 많았다. 인터넷 전화기를 가져와 한국에 남아 있는 아이 아빠와는 자주 통화를 할 수 있었다. 그렇게 철부지 아들이 조금씩 성장하는 것을 보는 것도 참으로 큰 기쁨이었다.

1년이 지나고 세번째 학기에 FAIR Test, CELLA Test, FCAT 시험성적 및 이솔 교사의 관찰이라는 4가지 평가를 통해 아들은 영어 구사능력이 현지인 또래의 평균 수준인 것으로 판정받았다. 그렇게 이솔 단계를 빠져나와 미국 아이들과 같이 수업을 듣는 정규과정의 보통반에 배치되었다. 다시 우수반으로 프로그램을 변경하여 줄곧 A학점만 받았다.

영어와 학과 성적을 잘 유지하던 2년 반이 넘어갈 무렵에는 지나가는 행인들끼리 하는 말도 곧잘 알아들었다. 그 사람들이 나눈 이야기를 나에게 한국어로 속삭여 주기도 했다. 그렇게 3년 반이 지날 무렵에는 이 지역에서 우수한 영재 학생들이 모여 공부하는 링컨 중학교의 라이세움 마그넷 프로그램에 입학허가를 받아 전학을 갈 수 있게 되었다. 그래서 아이가 제법 영어가 편해졌나보다고 안심하게 되었다. 그렇게 유학 생활이 4년을 지날 무렵, 아이 입에서 뜻밖의 얘기가 나왔다.

"엄마, 난 한국말로 이야기할 때는 생각하지 않고 말을 하거든. 한국어 책을 읽을 때도 술술 책장이 넘어가고…. 그런데 영어로 말할 때는 항상 머리로 생각을 해야 해."

"아니 아직도 그래? 너 마음 편히 영어할 수 있잖아. 영화도 잘 알아듣고. 아니었어?"

"흥분되거나 기분이 나빠지면 말문이 막혀서 영어가 안 나와. 영어는 좀 그래…."

4년이 넘어 5년이 되어 가는데도 여전히 아들은 영어를 힘들어 하고 있다.

1990년대 소설가 복거일이 영어공용화론을 들고 나오자 한국인의 감성에 맞지 않다는 반감을 사 심한 비판을 감수해야 했다. 한국어학자들의 반박도 끊이지 않았으나 언어교육을 전공한 내 입장에서 보면 한글학자의 반박은 언어 민족주의 감성에 호소하는 것으로 보였다.

개인적으로 영어공용화는 한국인이 비판을 하든 반박을 하든 세계적인 추세라고 본다. 휴대폰이 인간성을 구속하는 족쇄니 뭐니 하면서도 그것이 주요 통신수단이 되고 집 전화를 없애는 가정이 점차 늘어나는 것과 다르지 않다. 나 역시 미국으로 올 때는 아들이 영어를 잘하면 좋은 것이라고 막연히 생각했다. 그러나 이제는 영어를 못하면 불이익을 받게 될 것이라는 확신을 얻었다. 영어 구사력이 떨어지면 직업선택의 출발선상에서부터 불리하고 평생 저임금의 굴레에서 벗어날 수 없다.

글로벌 의사소통의 수단으로서 영어의 위상은 이젠 더 이상 왈가왈부 비판이나 반박의 대상이 되지 못한다. 그렇게 반박할 시간에 영어를 익히는 것이 현명하다. 영어를 익힌다고 해서 한국어를 등한시하라는 뜻은 아니다. 두 개의 언어는 길항하는 것이 아니기 때문에 두 언어 모두 구사력을 높여야 한다는 것이다. 국어학자의 말을 곧이곧대로 믿는다거나 한국어를 완전히 익히지도 않은 상태에서 영어를 배우면 인지적으로 문제가 생긴다거나 하는 낡은 언어교육 패러다임을 들먹이며 영어교육의 접근을 막는 학자들의 유언비어에 휘둘리지 않는 것이 좋다.

그렇지 않아도 영어 교육은 돈이 많이 들기 때문에 경제력에 따라 교육기회가 천차만별 다르게 분배된다. 엉터리 학자의 유언비어에 휩쓸리다보면 나중에 아이들이 취업전선에서 불리할 수도 있다. 언어민족주의 학자들이 나중에 우리 아이의 인생을 책임져 주는 것도 아니다. 지금은 영어가 남보다 뛰어나면 몸값을 높일 수 있다. 미국에서 살아보니 미국으로 1, 2년간 공부하러 오는 초·중등학생의 수가 부지기수인 것을 알았다. 상상을 초월할 정도로 많다. 결국, 10-15년 이후의 한국에서는 영어를 못하면 취업시장에서 차별 당하게 될 것이다.

어린 조카도 스스로 미국에 오겠다고 이모인 나를 설득했다. 심사숙고 끝에 우리 부부가 조카를 입양하여 공식적으로 서류를 발급받았다. 대학원 공부와 연구조교 업무에 아들 녀석 뒷바라지까지 위태로운 나날이었음에도 결국 조카를 데려오기로 한 것은 내가 그만큼 느낀 바가 있어서다. 결국 나는 아들이 겪었던 언어 인종적 난관을 2년 만에 다시 겪으며 한 번 더 몸살을 앓게 되었다. 어른은 말할 나위도 없고 미국 학교를 다니는 아이들조차도 영어가 능숙해질 만큼 제대로 익히는 것은 결코 쉬운 일이 아니다.

미국에서도 영어는 업이다.

세번째 이야기

초등교육

미국으로 떠나기 전까지 아들은 4학년을 12월까지 한국에서 학교를 다니다가 2011년 1월부터 미국에서 4학년 2학기에 편입했다. 미국은 가을 학기부터 학년이 시작되기 때문에 반년 정도 한국과 차이가 난다. 초등학교를 5학년으로 졸업을 하고 6학년부터 중학생이 된다.

1년 반 정도 초등학교를 다니면서 영어를 익히고 미국 학교 시스템에 적응하느라 아이도 나도 항상 어리둥절한 상태였다. 한국에 아이 아빠가 있었지만 미국에서 혼자 아이를 키우다 보니 특별히 의논할 상대도 마땅치 않아 대학원 공부를 겸하는 바쁜 싱글맘으로 정신없이 보낸 나날이었다. 중·고등학교와는 달리 초등학교는 아무래도 학과 공부의 부담이 적었기 때문에 열심히 뛰어 놀고 학교 규칙을 잘 지키는 데 중점을 두었다.

지금부터 초등학생 아이를 데리고 온 한국 부모가 미국에 와서 처음 부딪혔던 문화 차이라는 벽을 이야기하려 한다. 등교, 스쿨버스, 점심급식, 이민 자녀 교육 등 미국 문화와 미국 초등학교 시스템을 이해하는 데 도움이 되길 바란다.

미국 초등학생은 왜 아침 일찍 학교에 갈까요?

한국과 비교하면 플로리다의 초등학교는 등교시간이 빠른 편이다. 사립학교는 학교마다 등교시간을 학교장이 정할 수 있어 1시간 가량 여유가 있는 편이다.

우리 옆집 아이들은 우리 아파트의 학군이 좋지 않아 흑인이 많은 공립학교 대신 매달 학비로 750달러를 내야 하는 사립 초등학교에 보내는데 등교시간이 아침 8시 30분이다. 그러나 교육청에서 등교시간을 일괄적으로 결정하는 공립 초등학교는 7시 15분경에 학교 문을 열고 7시 45분이 넘으면 지각으로 처리한다. 한국보다 1시간가량 빠른 셈이다. 나이 어린 초등학생 아이를 스쿨버스에 태워 보내야 부모가 출근 준비를 할 수 있는 맞벌이 가정을 위해 초등학교 등교시간이 빠른 것이라고 한다.

미국에서는 만 12세 미만 아동을 어른이 돌보지 않고 혼자 있게 놔두면 처벌을 받는다. 어린 아이가 보호자 없이 혼자 놀이터에서 노는 것도 당연히 위법이기 때문에 집이나 놀이터에 혼자 방치된 아이를 보면 이웃은 경찰에 신고한다. 한국에서는 아파트의 엘리베이터에서 아동을 대상으로 한 범죄를 방지하자거나 조두순 사건과 같은 아동 성범죄가 발생할 때마다 거리 곳곳에 CCTV를 설치하자는 목소리가 높다. 한국 부모들은 어린 아이를 직접 보호하고 감독하려고 하기보다 CCTV에만 의존하려고 한다. 이는 아동방임이 한국의 문화로 정착한 때문이다.

하지만 미국에서는 보호자 없이 어린이 혼자 엘리베이터를 타는 일이 거의 없기 때문에 엘리베이터에서 아동을 상대로 성추행하는 범죄도 생기기 어렵다. 등하교할 때 발생하는 아동납치와 성추행 역시 부모가 직접 등하교시키거나 스쿨버스를 이용하는 미국에서는 드문 일이다. 아이가 문방구에 혼자 학용품을 사러가거나 간단한 식료품을 사오라는 심부름을 시키는 일은 미국에서는 상상할 수 없다. 거리에서도 아이가 부모와 일정거리 이상 떨어지면 당장 경찰이 달려와 보호자를 찾아 경고를 한다. 부모가 출근한 뒤 스스로 알아서 학교에 갈 수 있는 법적인 나이는 만 12세 이상으로 정해져 있다.

플로리다에 살면서 처음에 가장 의아했던 것은 초등학생의 이른 등교시간이었다. 부모가 자동차로 학교까지 데려다 주는 가정에서는 7시 30분에 집에서 출발하면 7시 45분까지 등교할 수 있다. 그러나 스쿨버스를 이용하는 가정에서는 좀 더 일찍 하루가 시작된다. 나 역시 아침 5시 40분이면 일어나서 아이를 깨우고 등교준비를 해야 했다. 6시 15분이면 스쿨버스를 타러 나가야 하기 때문이다. 처음에는 어린 아이들을 이렇게 일찍 깨워서 등교시킬 필요가 있을까 의문이 들었다.

맞벌이를 하면서 부모 모두 일찍 출근해야 하는 경우, 한국의 부모들은 아이를 홀로 집에 둘 수밖에 없다. 그런 상황에서 장난으로 인한 화재, 추락사고, 유괴, 성추행 등 많은 위험에 노출되고 부모는 출근길 발걸음이 무겁기만 하다. 그래서 한국은 핵가족화가 급속히 진행되면서도 아이는 시부모나 처가부모에게 맡기기 위해 가깝게 사는 특이한 가족 형태가 늘고 있다. 초등학교의 이른 등교조치는 부모가 아이를 방치할 수밖에 없는 상황을 미연에 방지하고 12세 미만 아동에 대한 보호를 국가가 같이 책임지는 조치다.

집에 남겨두고 온 아이들 걱정에 출근길 내내 핸드폰만 붙잡고 있는 것보다는 아침에 일찍 일어나서 등교준비를 하고 아이를 선생님께 맡기는 것이 훨씬 안전하다. 아침시간이 바빠 아이에게 아침밥을 먹이지 못한 부모들을 위해 학교에서 1달러에 아침급식도 제공한다.

중학생이 되면 9시까지 등교한다. 0교시 보충수업 등으로 상급학교로 올라갈수록 등교시간이 빨라지는 한국과 사뭇 대조적이다. 한국은 아이들의 공부와 학력신장에 가장 많이 신경을 쓰지만, 미국은 아이들의 안전과 보호를 가장 우선시한다.

한국 드라마를 보면 자녀가 다 자라서 결혼을 해도 시부모와 같이 사는 확대가족 형태를 보인다. 시부모는 성인인 아들과 며느리가 심리적으로 독립하지 못하도록 엄청난 '시월드' 포스를 뿜곤 한다. 나 역시 한국에서 아이가 유치원에 다닐 때 직접 등하교시키며 신경을 썼지만 초등학교에 들어가면서 독립심을 키워야 한다며 혼자 학교에 보냈다. 7살도 채 되지 않은 아이에게 무슨 독립심 훈련을 그리 시켜댔는지 모르겠다. 아마 남자 아이라 안심한 것도 한몫 했으리라.

미국은 만 12세까지는 부모가 등하교를 시키거나 스쿨버스를 이용하도록 법이 마련되어 있지만, 대부분 고등학교를 마칠 때까지 부모가 등하교를 시킨다. 국가에게 유괴, 납치, 아동 성추행을 대비한 안전과 치안을 요구하되, 부모로서도 아동보호에 스스로 최선을 다하는 것이 좋겠다.

인종에 따라 등교하는 모습도 달라요

한국에서는 보통 초등학교는 걸어서 다니고 중·고등학교로 올라가면 버스나 학원 승합차를 이용하는 것이 일반적이다. 미국에서 석사공부를 했지만 그때는 아이를 데려가지 않았기 때문에 아들과 함께 미국에서 살기 전까지 미국의 스쿨버스는 사진이나 글로만 접해보았다. 내가 본 사진 속에는 예쁘게 차려입은 미국 어린이들이 노란 스쿨버스에서 소공녀 같은 표정으로 해맑게 웃고 있었다. 스쿨버스에 대하여 막연한 동경을 품고 있었던 셈이다.

　한국에서 스쿨버스를 타 본 경험이 없던 내가 미국에서 아이를 학교에 보내면서 스쿨버스는 동경이 아니라, '현실'이라는 것을 알게 되었다. 아이를 입학시키던 첫날, 왜 스쿨버스가 있는지 알게 되었다. 학교가 주택가와 가까워 걸어서 5분이면 닿는 한국과는 달리, 집에서 학교까지의 거리가 멀어서 걸어서는 학교에 갈 수가 없기 때문이었다. 우리 아이만 하더라도 가장 가까운 초등학교가 약 4킬로 정도 떨어져 있어 걸어서는 통학이 곤란했다.

그 무렵, 남미계 학생들의 학교생활에 관해 조사하던 중 가난에 대하여 토로하는 인터뷰 자료를 읽게 되었다. 부모가 차로 데려다 주는 친구들과 비교하면서 그들은 가난해서 스쿨버스를 탈 수밖에 없다고 했다. 가난과 낙오자를 상징하는 노란색 스쿨버스에서 벗어나고 싶다며 노란색이라면 지긋지긋하다고 치를 떠는 것이 아닌가. 스쿨버스를 동경하던 내게는 충격이었다. 그 후, 스쿨버스에서 내리는 아이들을 찬찬히 살펴보았다. 노란 스쿨버스에서 한두 명을 빼고는 피부색이 짙은 아이들이 차례로 내리고 있었다. 대부분 흑인이거나 남미계 학생들이었다.

우리 아이는 6시 15분 차를 타고 1시간을 이 동네 저 동네를 돌아 학교에 도착했다. 그 학교에서 한국인 친구의 엄마를 만났다. 그 아이는 부모의 차로 등하교를 하고 있었다. 친구아이 엄마는 스쿨버스에서 좋지 못한 행동이나 나쁜 욕설을 배울 수 있다며 귀띔했다. 버스 안에서 싸움을 걸어오기 쉽고 영어가 서툴러 억울한 일도 생길 수 있으니 조심하라고 덧붙였다. 스쿨버스는 이제 또 다른 현실의 벽이 되었다.

서머타임이 시작되는 3월의 어둑어둑한 새벽에 스쿨버스를 기다리는 아이들을 볼 때면 스쿨버스에 대한 환상이 깨진다. 미국에서 생활하기 시작한 2011년은 아들이 10살 되던 해였다. 이듬해 3월이 되니 서머타임이 시작되었다. 스쿨버스 정류장으로 나선 시간은 6시 15분이었지만 실제로는 5시 15분이었다. 그때부터 아이를 더 재우고 싶은 마음에 등교는 내가 데려다 주고 오후에만 스쿨버스를 타고 오는 것으로 바꿨다.

알고 지내던 교민에게 사정을 이야기하며 불평을 했다.

"아침에 아이 학교 데려다 주고, 오후에 학교에서 오면 오후 프로그램 데려다 주고 데려오고, 하루 종일 둘 다 왜 이러고 살아야 하는지 모르겠어요."

"미국에서 사는 건 라이드ride 인생이야. 인생의 절반을 길에서, 차안에서 보내는 거야. 몰랐어?"

미국은 스쿨버스를 타거나 부모가 직접 태우고 다니기 때문에 한국처럼 등하교시 유괴사건이나 성폭력이 일어날 가능성이 매우 낮다. 땅은 넓고 모든 것이 넉넉하고 풍요롭게 보이는데 가난한 아이들은 스쿨버스 안에서 분노를 배우고, 넉넉한 이들은 길에서 시간을 소모한다.

아이가 초등학교를 졸업하고 배정받은 중학교는 경제적으로 꽤 부유한 주거지역을 포함하고 있었다. 우리 아파트도 우연히 그 중학교의 학군에 포함된 것이다. 얼마 후, 아이가 스쿨버스를 백인 스쿨버스, 흑인 스쿨버스로 나누는 얘기를 들었다.

"엄마, 언제 졸업해?"

"엄마도 몰라."

"여기는 가난한 지역이니까 우리 스쿨버스는 흑인버스거든. 그런데 백인 애들이 많이 사는 지역을 다니는 버스는 백인버스야. 우리 흑인버스 타던 애 중에 라만딥이라는 애가 있어. 걔가 자기 엄마 곧 박사

부모가 자가용이나 자전거로 직접 등하교시키거나
스쿨버스를 타고 다닌다.
스쿨버스는 상대적으로 유색인종이 많이 이용한다.

졸업한다고 하더니 드디어 졸업하고 플로리다 대학에 교수가 되었대. 그러더니 어제부터 백인버스 타고 학교에 왔어. 아마 자기 엄마가 교수되더니 백인 지역으로 이사했나봐. 엄마도 빨리 졸업해서 나도 백인버스 한 번 타 보자.”

“…….”

나도 모르게 눈물이 핑 돌았다. 흑인버스에서 내리는 모습을 같이 어울리는 백인 아이들에게 보이기 싫다는 것이다. 수업을 마친 후, 친구들과 운동을 하거나 과제를 같이 하려면 스쿨버스를 타지 않고 부모가 직접 태우고 데려가야 한다. 부모가 돌보미를 고용할 수 없거나 엄마가 전업주부가 아닌 아이들은 스쿨버스를 타야만 한다. 그런 아이들은 방과후 활동도 할 수 없고 친구들과 어울리기도 힘들다. 바쁜 일정에 시달리며 기름값을 아끼고 싶어 하는 싱글맘 덕택에 부자 백인 아이들이 많은 학교에 흑인버스를 타고 다니며 아들은 백인우월주의를 뼈저리게 느꼈을 것이다.

흔히 백인 위주의 미국 사회에서 한국 아이들이 인종적·언어적 약점에 당당히 맞서며 살아가는 모습을 기대하겠지만, 아들과 조카를 포함해 유학이나 이민을 온 아이들이 백인우월주의를 쉽사리 극복하지는 못한다. 백인우월주의나 인종주의는 개인차원이 아니라 제도적 차원에서 광범위하게 일어나기 때문에 우리 아이들이 영어를 배우고 미국 사회에 적응하면 할수록 더 뼈저리게 느끼는 것이다. 이 책에서 만큼은 우리 아이들이 그런 사회에서 당당히 인종주의를 극복했다고 거짓을 쓰고 싶지는 않다.

오히려 미국 사회를 모르는 사람이 인종주의를 얕보기 쉽다. 나처럼 나이가 들고 왔거나 잠시 1, 2년 정도 머물다 가는 사람들, 영어가 모자라서 미국인들과 섞이기 어려운 사람들이 인종주의에 대해 느낄 틈이 없어서 그러지 않나 싶다. 하지만 우리 아이들은 상급학교로 진학할수록, 그리고 고급 트랙으로 들어갈수록 그리고 다시 우수한 아이들이 모인다는 영재반 마그넷 학교로 갈수록 열등감이 심해졌다.

종종 문화·인종적 차별을 겪은 뒤 다른 사람의 아픔을 후벼파는 사람이 있는데, 우리 아이들은 좀더 너그럽고 포용력 있게 다른 사람의 아픔을 이해하고 공감하는 사람이 되었으면 한다. 일상에서 아로새긴 인종적 정체성이 아이들의 인생에 자양분이 되길 바랄 뿐이다.

영어가 서툰 아이들은
학교에서 어떻게 배울까?

미국 학생 5명 중 1명은 영어를 모국어로 하지 않는 학생이다. 이런 학생들을 예전에는 비원어민non-native speakers 혹은 비영어화자non-English native speakers 등으로 불렀만, 요즘은 영어학습자English language learners, ESOL students 혹은 이중언어 구사자bilingual speakers라고 부른다. 그리고 그 수는 빠르게 증가하는 추세다.

　미국 교육의 고민 중 한 가지는 중도탈락율이 높다는 것이다. 중도탈락율이 사회적 문제가 되는 것은 그 학생들이 사회에서 필요로 하는 자질들을 배우기 전에 학교를 떠나기 때문에 평생을 빈곤의 늪에서 빠져나올 수 없다는 데 있다. 아시아계 미국인과 백인의 중도탈락율이 낮은 반면, 흑인과 남미계, 미국 인디언 학생들은 고등학교를 마치기 전에 학교를 떠나는 비율이 높다. 무료급식 대상자인 빈곤층 자녀 역시 중도탈락율이 높다. 영어를 모국어로 하지 않는 이솔 영어학습자의 중도탈락율은 거의 50%에 달한다. 초등학교에 들어가야 할 인구의 20%에 해당하는 이들에 대한 교육이 미국의 국가적 과제로 떠올랐다.

　많은 연구결과에 따르면, 의사소통에 필요한 기본 생활영어를 배우는 데 보통 2–3년이 걸리는 반면, 학습에 필요한 고급영어를 배우는 데는 5–7년이 걸린다고 한다. 아들은 조사결과보다 약간 빠른 1년 반만에 이솔 단계를 빠져나와 또래 미국 원어민의 평균수준에 다달았지만 여전히 영어를 힘들어했다. 언어의 기능과 층위가 그만큼 다양하다는 뜻이다. 영어몰입교육과 이중언어교육 현장의 실험은 이를 뒷받침하고 있다. 언어는 의미가 있는 상호작용을 통해서 습득되기 때문에 이해하지 못하는 영어로 진행되는 교실에 앉아 있는다고 해서 저절로 영어가 술술 나오는 것은 아니다.

　미국으로 오기 전에는 아이들이 1–2년만 미국 학교에서 영어에 노출되면 영어를 거침없이 말할 것만 같았다. 게다가 한국 아이들은 똑똑하고 성실하니까 분명 잘할 것으로 믿었다. 어림없는 이야기였다. 영어는 한국어와 문장구조도 다르고 어휘적으로 비슷한 점도 적어 한국어가 모국어인 아이가 배우기에는 어려운 언어다. 그래서인지 미국에서는 아시아 학생은 언어 감각이 형편없다고 여긴다. 나 역시 고등학교 교사로 있을 때 가끔 호주나 캐나다에서 1, 2년씩 공부하고 돌아온 학생이 생각보다 영어를 못한다는 느낌을 받았다. 그때는 그 아이들이 영어는 유창한데 겸손해서 그렇다고 여겼다. 미국 학교에 다니면 자연스럽게 영어가 유창해지리라는 기대는 환상이라는 것을 미국에 와서 생활해보니 알게 되었다.

부시 정부가 시행한 아동낙오방지법NCLB: No Children Left Behind Act은 영어가 모국어가 아닌 영어학습자바이링구얼들이 모국어를 사용하며 공부하는 이중언어 교육에 큰 위기를 몰고 왔다. 그들은 영어가 모국어인 아이들과 같은 교실에서 같은 교재로 공부하게 되었다. 아동낙오방지법 아래서 그들은 멍하니 교실에 앉아 뒤처지다가 사춘기에 접어들면서 결국 학교를 뛰쳐나오고 만다. 영어학습자의 절반이 고등학교를 마치지 못하고 평생 빈곤과 실업의 늪에서 허우적거린다. 그들의 언어수준은 영어와 모국어 모두 초급에 머물거나 모국어는 잊어버리고 영어만 초급 수준으로 간단하게 구사한다.

미국은 출산율에 비해 꾸준히 인구가 증가하는 나라다. 이민자를 받아들이기 때문이다. 그러나 현재 이민자의 나라에서 이민 자녀들은 언어장애로 학교에서 뒤처지고 저임금 노동자로 전락한다. 그들의 자녀는

아들(우측)이 선생님의 영어 설명과 나의 한국어 설명을 듣고
교재를 보며 식물세포 모형을 만들고 있다. 옆에 앉은 중국계 학생은
영어가 서툴러 수업내용을 이해하지 못했고 다른 학생이 종이컵에
식물세포를 만들고 학습문제지를 채우는 동안 아예 책을 덮고
있었다. 결국 그 아이는 식물세포 모형을 만들지 못했고
조별 토론에도 참가하지 못했다.

부모가 구사하는 초급수준의 언어를 모국어로 배우며 자라기 때문에 학교에 가면 부모처럼 뒤처진다. 미국의 언어정책 때문에 영어와 모국어 모두 고급수준으로 발달할 기회를 박탈당한다.

언어는 인간의 인지발달과 관련되어 있기 때문에 언어가 충분히 발달하지 못하면 인지발달도 더디다. 교육수단인 언어를 통제함으로써 교육의 기회를 박탈한다. 미국 사회의 주류를 형성하고 있는 백인의 허드렛일을 시키기 위한 음모가 아닌가 하는 생각마저 들 정도다.

한국은 수학과목을 강도 높게 가르치는 반면, 미국은 과학과 영어를 수준 높게 가르친다는 느낌을 받는다. 아이가 교과를 잘 따라가는지 알고 싶어 첫 1년 동안은 자주 수업참관을 신청했다.

어느 날은 광합성, 엽록체, 미토콘드리아, 세포막, 세포벽에 대해서 배우고 있었다. 식물 세포와 동물 세포와의 차이점도 배웠다. 기본 개념을 가르치고는 푸딩, 젤리, 콩, 키친 랩, 플라스틱 컵 같은 재료를 이용해서 식물세포 모형을 직접 만들어 보도록 했다. 선생님에게 우리 아이가 내용을 이해하지 못한 것 같으니 내가 한국말로 설명해 줘도 되는지 물어보고 아이에게 가르쳐 주었다. 그제야 이해한 아이는 혼자서 식물세포를 만들어 다른 친구들과 비교하며 토론에 참가했다. 개별 프로젝트와 조별 프로젝트가 끝나자 자신이 만든 식물세포 모형을 먹는 모습이 즐거워 보였다.

한국도 이민자를 받아들이기 시작했고 결혼한 10쌍 중 1쌍은 다문화

가정을 이루고 있다. 이제 그 자녀들을 어떻게 교육할 것인지가 발등에 떨어진 과제가 되었다. 만약 외국인 엄마가 수업을 참관하겠다고 하면 한국의 교사들은 기꺼이 수업을 개방할까? 학생의 문화·인종적 배경을 존중하지 않으면 다문화 가정의 학생들은 차별과 문화적 이질감을 견디지 못하고 학교를 떠날 것이다. 교사는 정답을 알려주는 지식의 권위자가 아니라, 학생을 정서적으로 돌봐주고 학습을 도와주는 사람이라는 것을 깊이 깨달을 필요가 있다.

아이들의 무료급식은
정치가 아니에요

2011년 당시 오세훈 서울시장이 무료급식 주민투표에 시장직을 걸었다가 사퇴하면서 과잉복지를 문제 삼았다. 이어 이명박 대통령도 과잉복지는 민심을 얻지 못할 것이라고 일침을 놓았다.

누구도 과잉복지를 지지할 사람은 없을 것이다. 그것은 성실하게 일하고 꼬박꼬박 세금 내는 사람들의 근로의욕을 떨어뜨리고 극심한 박탈감에 시달리게 한다. 현 체제를 유지할 동력을 상실한다는 뜻이다. 그러나 과잉복지의 기준은 다르기 마련이다.

미국에 온 지 얼마 되지 않아 한인 공동체에서 교사 출신 유학생들을 꽤 많이 만났다. 교직을 떠나 새로 삶을 시작하기 위해 미국으로 온 경우도 있고 학교를 휴직하고 유학을 온 경우도 많았다. 그 중 한 교사는 2년 간 석사를 이수하고 그 당시 플로리다에서 박사과정에 등록하여 4년차에 접어들었다. 교사는 유학으로 휴직을 하면 청원휴직에 해당하여 기본급여의 50%를 매달 받는다. 그 교사 같은 경우는 석사유학 2년, 박사 유학 3년에 이어 휴직을 3년 더 연장신청한 상태다. 총 교육경력 5년인 그 교사는 8년간 매달 급여의 50%를 받을 수 있다. 이런 것이 과잉복지다. 우수인력을 교원으로 유치하고 교원의 자기개발을 장려하기 위해 만들어진 조항이다. 그러나 그런 지원이 없더라도 초·중등 교원이 되려는 우수한 인력은 얼마든지 있기 때문에 폐지해도 되는 복지정책이다.

늘 입 속을 맴도는 질문이 하나 있었다. 의무교육을 받고 있는 아이들의 급식비를 과잉복지라고 한다면, 공무원의 월급에 포함된 급양비와 교통비는 도대체 무엇인가. 대통령과 시장의 월급에도 밥값과 교통비가 포함되어 있을 것이다. 일한 대가로 월급이 나오는데 밥값과 교통비를 왜 따로 지급해야 하는지 궁금했다. 업무수행을 위한 기본적인 식비와 교통비라고 대답할 것이다. 같은 논리로 학생들이 '교육의 의무'를 수행하기 위한 기본적인 급식을 요구한다면 어떻게 대답할 작정인가? 의무교육체제에 있는 초·중학생들이 교통비와 기타 교육비를 국가에 청구한다면 어떤 대책을 내놓을 것인가.

과잉복지와 일반복지의 기준은 사람마다, 문화권마다 다를 수 있다.

그러나 멀리 이국땅에서 외국인으로 살아보니 생각이 조금씩 달라졌다. 미국에서는 가난한 자국민뿐 아니라, 외국 유학생의 자녀와 이민 자녀들이 대부분 무료급식 대상자다. 앞서 얘기한 교사의 자녀도 무료급식 대상자에 해당된다. 자국민이든 외국인이든 아이들은 일단 먹이고 본다. 만 4세 이하의 아이가 있는 저소득 가정에는 WIC 프로그램을 적용하여 국적을 불문하고 우유, 두유, 주스와 시리얼 등 기본 먹거리를 제공한다. 부모가 제대로 먹어야 아이들을 돌볼 수 있기 때문에 부모 몫까지 같이 제공한다. 5세가 되어 유치원과 학교에 들어가면 저소득 가정의 아이들에게 하루에 두 끼를 제공한다. 국가에서 기본은 채워줬으니 아이의 영양상태가 부실해 병이 나면 부모는 당연히 처벌받는다. 국가가 부모에게 잘못을 묻는 것이 당연할 수밖에 없다.

저소득 기준이라는 것이 나라마다 다른 것 같다. 한국은 교육과 문화적 기회는 차치하고 기본적인 의식주조차 제대로 해결하지 못하는데도 생활보호 대상자로 선정되기 어려운 현실이다. 반면, 미국은 무료급식 대상자 가정이라도 대부분 자가용을 1, 2대씩 가지고 있고, 아이들에게 음악이나 체육 교육을 시키기도 한다. 한국의 대도시와 비교해도 물가가 그리 차이나지 않는 미국에서 4인 가족 기준으로 2014년 가정의 연간 소득이 44,000달러약 5천만 원 이하일 경우 자녀는 급식비 지원 대상자가 되고 방과후수업이나 예체능 교육도 할인받을 수 있다.

본래 교육은 귀족이 누리던 것이었고, 산업화 시대에도 서민의 자식을 위해 학교를 세우자는 이야기에 남의 자식을 위해 자신이 세금을 왜

플로리다의 한 초등학교 아침 급식시간.
학교에서 아침을 먹는 아이들은 대부분 무료급식 대상자들이다.
흑인, 남미계 이민 자녀와 중국인이 많다.
내가 미국에서 제대로 된 수입이 없었기 때문에
아들도 무료급식 대상자였다.

내야하냐며 부자들은 발끈했다. 부자들은 의무교육이라는 이름의 보편적인 제도를 과잉복지라고 생각했다. 부유한 가정의 아이들은 국가가 해주지 않아도 최고의 교육을 누리고 그를 발판삼아 그 다음 세대의 권력을 쥔다. 가난한 가정의 자녀를 위해 공교육이 존재해야 하는 것이기 때문에 공교육은 경제적 소외계층을 염두에 두고 교육정책이 수립되어야 한다. 지금 한국에서는 어느 누구도 국가가 지원하는 초·중등 의무교육을 과잉복지라 말하지 않는다.

새삼 이런 얘기를 꺼낸 이유는, 기초생활이 거의 안 될 정도로 소득이 적어야 기초생활 수급자가 될 수 있는 한국의 상황에서 기초생활 수급 가정에만 무료급식을 하는 것은 그 아이들에게 낙인을 찍고 열등감을 심어주기 때문이다. 의무교육에 해당하는 학생 모두에게 무상급식을 제도화하는 것이 공교육의 몫이다. 물론, 부유층들이 앞다투어 보내려 하는 유명 사립학교는 무료급식에서 제외해도 된다. 미국 플로리다주에서도 가난한 가정의 자녀가 학비가 비싼 사립학교에 등록한 경우에는 무료급식을 받을 수 없다.

한국 정부가 밑거름이 될 아이들 점심밥을 가지고 과잉복지 운운하는 것은 엄살이다. 큰 돈은 엉뚱한 곳에 통 크게 써버리고 자국민의 아이들 밥값은 아까워 대통령과 서울시장이 웃지 못할 해프닝을 벌인 걸 어떻게 받아들여야 할지 모르겠다. 글쎄 그걸로 심하게 배팅을 하는 걸 보면 높으신 양반들은 점심을 굶는 모양이다.

학교 식당에서는
지켜야 할 규칙들이 있어요

한국에서 초등학교를 다니다 미국으로 건너온 아이들은 갑작스레 바뀐 학교 문화에 어리둥절할 때가 많다.

모든 학생은 학번과 급식번호를 받는데, 급식번호에 딸린 계좌번호로 집에서 온라인으로 송금하거나 구내식당에서 돈을 충전하여 사용한다. 아이가 밥을 고른 뒤 신용카드 단말기처럼 생긴 기계에 자기 급식번호를 누르면 그 계좌에서 차감된다. 가끔 남의 급식번호로 몰래 사먹는 일이 있어 절대 다른 사람에게 급식번호를 알려주지 말라고 주의를 준다. 아이가 급식번호를 누르면 급식 매니저가 조그만 모니터로 그 계좌에 얼마나 남았는지 확인하고 배식을 한다. 만약 급식계좌에 잔액이 없으면 아이가 배고프다고 생떼를 써도 절대 음식을 주지 않는다.

공립 초등학교에서는 점심을 구내식당에서 2달러에 사먹거나 도시락을 싸온다. 도시락을 싸오는 아이들은 절반 가량되는데, 주로 백인 중산층 가정의 자녀나 할랄이슬람 율법에 따른 도축방식을 지켜야 하는 아랍계 학생이다. 반면, 무료급식 대상자인 라틴계 학생이나 흑인 자녀, 맞벌이 부부의 자녀들은 대부분 학교급식을 먹는다. 사립학교의 급식은 질이 좋지만 5달러 정도로 비싼 편이다.

점심을 사먹을 때는 급식번호를 입력하기 때문에 누가 무료급식 대상자인지 다른 학생들은 물론 본인도 알 수 없다. 우리 아이도 자신이 무료급식 대상자라는 사실을 2년간 몰랐고 나 역시 한 학기가 지나는 동안 모르고 있었다. 그러나 급식계좌에 있는 돈으로 사먹는 아이스크림, 과자 같은 간식은 무료급식에 해당되지 않는다. 발육과는 무관한 기호식품을 먹이기 위해 국민의 세금을 쓸 수는 없기 때문이다.

초등학교의 구내식당에서는 미국이 다음 세대에게 전수하고자 하는 음식문화와 미국적 가치가 보인다. 우리 아이가 다니던 초등학교의 구내식당에는 식당규칙을 벽면에 붙여 놓고 아이들이 공공장소에서 지켜야 할 기초질서를 몸소 익히도록 한다.

한국에서는 따뜻한 국과 밥을 선호해 맛 없다고 투덜대면서도 도시락보다 급식을 선택한다. 하지만 이곳 아이들의 점심은 샌드위치, 우유, 과일이나 과자로 소박해서 중산층 가정에서는 도시락을 직접 싸오는 경우가 많다. 게다가 학교에서 사먹는 급식과 달리 집에서 가져온 도시락은 가정마다 색다르기 때문에 특이한 음식에 호기심을 보이게 마련이다. 특히, 인도, 중국, 아랍권 친구들의 도시락을 보고 신기해 하며 그 맛을 궁금해 하기도 한다. 하지만 호기심을 넘어 남의 음식에 함부로 손을 대고는 독특한 음식맛에 그 아이를 놀리고 출신국가의 음식문화까지 싸잡아 놀리는 일도 거의 없다. 식당 규칙이 엄격하기 때문이다.

식당 규칙 중에서 사뭇 눈길을 끄는 것들이 있었다.

'No food sharing during lunch.'

어떤 음식도 서로 나눠 먹어서는 안 된다는 것이다. 한국에서는 콩 한 쪽도 나눠먹는 풍속이 있지만 미국에서는 큰 샌드위치도 절대 나눠

CAFETERIA RULES

1. Enter the cafeteria QUIETLY and SAFELY.
   NO RUNNING!

2. Follow adult directions.

3. Stay in seat.

4. Raise hand for help.

5. No food sharing during lunch.

6. Talk quietly to those at your table only.

7. When the lights are out, there is NO
   TALKING!

아들이 다니던 핀리 초등학교의 식당 규칙

먹어선 안 된다. 우리는 한 번은 정이 없다며 두세 번은 덜어주어야 넉넉한 인심에 흐뭇해 하지만 이곳에서는 큰일 날 일이다. 검증되지 않은 음식을 어린 아이들끼리 서로 나눠 먹으면 공중위생이 위협받을 수 있기 때문이다. 더불어, 상대방의 음식문화를 통해 타문화에 대한 부정적 편견을 방지하려는 의도다. 우리 아이에게 김치 볶음밥을 싸준 적이 있는데 미국인 친구가 먹어보자고 하더란다. 그래서 선뜻 내주었더니 맛을 보고는 맛있다고 바꿔 먹자고 해서 서로 도시락을 바꿔 먹었다고 한다. 매사 규칙을 지키고 조심해야 한다는 원칙을 세워둔 터라 그냥 넘어갈 수 없었다.

"너 그런 식으로 식당 규칙을 안 지키면 퇴학당할 수도 있어! 서로의 건강을 위협하는 행동이야. 그 친구의 도시락이 결핵환자가 만든 음식이면 어쩔거야? 그리고 우리가 한국 마트에서 김치를 사먹는데 그게 잘못되었으면 어쩔거야?"

한국에서는 서로 나눠먹는 공동체 의식이 친구나 직장동료들과 함께 숟가락을 넣어 국물 음식을 떠먹는 음식문화로 이어져 오고 있다. 가끔 간단한 간식 하나를 먹으려고 해도 같은 사무실의 동료들과 나눠먹어야 하나 싶어 곤란했다. 샐러드, 떡이나 과일 같은 간식은 아예 꺼내기가 어려워 이래저래 눈치만 볼 때가 있었다. 그러나 미국에서는 사무실에서 자기 도시락을 꺼내 먹어도 조금만 맛보자고 하는 사람도 없고 나눠먹을 생각을 하는 사람도 별로 없다. 심하게 후루룩 거리거나 음식냄새만 풍기지 않는다면 누구도 신경쓰지 않는다. 어릴 때부터 몸에 밴 미국 학교의 식당 규칙 때문이다.

음식을 서로 나눠먹지 못하도록 하는 규칙에 이어 흥미로운 규칙이 하나 더 있었다.

'When the lights are out, there is NO talking.'

식당의 전등이 꺼지면 이야기하지 말고 조용히 하라는 것이다. 우리 아이 말에 따르면, 가끔 식당에서 아이들이 큰 소리로 이야기하거나 소란스러울 때는 지도교사가 불을 확 꺼버린다는 것이다. 그러면 갑자기 모든 아이들이 입을 닫고 똑바로 앉는다고 한다.

한국에서는 학교에서 정전이 되면 아이들은 일단 괴성을 지르고 무슨 일이 일어났는지 서로에게 묻느라 더욱 소란스러워지는 게 일반적이다. 미국에서는 전깃불이 꺼지면 아이들은 일제히 입을 닫고 동작을 멈추고 쥐 죽은 듯이 대기한다.

미국 아이들은 우리 인생에서 언제 닥칠지 모르는 비상상황에 어떻게 침착하게 대처해야 하는지 어릴 때부터 엄격한 훈육을 통해 배운다. 테러가 일어나거나 허리케인이 우리 삶을 망치거나 지하철이 갑자기 멈추고 전기가 나갔을 때도 고함을 지르고 우왕좌왕할 것이 아니라, 침착하게 안내방송이 나오거나 구조대가 오기를 기다린다. 때로는 노트를 꺼내 상황을 기록하거나 가족에게 마지막 편지를 쓴다.

《서른 잔치는 끝났다》의 저자로 잘 알려진 시인 최영미가 유럽을 여행하며 쓴 기행문에는 지하철 내 영국인의 모습을 언급한 부분이 있다. 영국 여행 중 갑자기 지하철이 멈췄는데 승객들 대부분이 미동도 없이 그대로 침울하게 대기하는 모습을 대영제국의 늙어가는 이미지로 묘사하였다. 아마 한국 문화에 익숙한 여행객의 눈에는 영국인들의 모습이 활기 없는 늙은이의 행동으로 보였으리라. 그러나 실은 그렇게 하도록 어렸을 때부터 식당에서 교실에서 강당에서 훈육과 연습을 통해 철저하게 교육받은 결과다. 비슷한 상황에서 많은 한국인들은 승객들끼리 서로 상황을 묻고 고함을 지르고 핸드폰을 꺼내들고 통화를 하는 게 일반적일 것이다.

한국에서 크고 작은 사고가 일어날 때마다 가족들이 바닥에 주저앉아 땅을 치며 대성통곡을 하는 모습을 자주 접한다. 백인 중산층 미국인이 감정을 절제하고 터져 나오는 울음을 삼키느라 애쓰는 모습과 사뭇 대조적이다. 슬픔을 표현하는 방식도 민족마다 다른 법이며 이는 문화로 받아들이는 것이 옳다.

그러나 비상상황이라면 이야기는 달라진다. 두려움에 울부짖는 것은 어쩌면 자연스러운 것일 수 있다. 그 자연스러움을 성숙함으로 끌어올려 인간의 고결함을 보여주는 것, 그것이 식당 규칙이 지향하는 미국적 가치다. 어차피 우리 아이들도 테러, 비행기 납치, 홍수와 엘리베이터 사고에서 결코 자유로울 수 없다면, 한국의 학교가 공부를 가르치는 데 전 세계 일등인 것만큼 공민교육 혹은 훈육에도 좀 더 관심을 기울였으면 하는 바람이다.

그러나 2014년 세월호 침몰사고에서는 교사의 인솔 아래서 어린 학생들은 안내방송에 따라 대기하다가 목숨을 잃었다. 선장은 대기명령을 내리고 가장 먼저 배에서 탈출했지만 학생들을 포기하고 몰래 탈출한 교사는 아무도 없었다. 나는 그들의 행동이 자랑스럽다.

한국 교육은 희망의 싹을 품고 있지만 글쎄, 세월호 사고에서 보듯이 학교에서 배운 대로 하다간 죽을 수 있다는 교훈만 알려준 셈이니 세월호 세대가 장차 비슷한 상황에서 대기명령을 이행할까?

미국 초등학교의 식당 규칙이 아이들 가슴속에서 유효한 것은 학교에서 가르치는 것을 사회가 이행하기 때문이다.

미국의 학교 운동장은
건물 뒤편에 있어요

1970-80년대에는 부잣집 아이들이 유괴돼 국민적 관심사가 된 적이 간혹 있었다. 부산 대신동의 정효주 사건이 대표적이며 대개의 경우 돈만 요구하고 아이를 돌려보내는 식이었다. 그러나 요즘은 금품을 요구하는 유괴보다는 아동에 대한 성범죄가 일 년 내내 우리를 괴롭힌다. 등굣길에서 납치돼 인근 교회에서 잔인하게 유린당하는가 하면 학교 운동장에서 놀고 있던 꼬마가 성범죄자에게 끌려가 희생되기도 한다.

문제는 그런 일들이 너무 빈번하게 일어나기 때문에 이젠 다들 만성이 되어 개탄만하고 있을 뿐 예방차원에서 접근하지 않는다는 점이다.

앞으로도 이런 식으로 계속 방치한다면 여교사 비율이 높은 초등학교의 수업 중에 힘센 범죄자나 바바리맨이 들어와 아이들과 교사를 위협하고 희롱한다고 해도 속수무책일지도 모른다. 내가 중·고등학교를 다니던 시절, 학년 초가 되면 학교의 허가도 없이 사진사나 도서 판매원이 학급을 돌면서 영업을 하곤 했다. 한국의 학교구조와 시스템이 외부인이 마음만 먹으면 언제든 들어와 휘저을 수 있을 만큼 너무나 개방되어 있기 때문이다.

일반적인 미국 학교 건물은 출입구가 하나밖에 없거나 출입구가 여러 개인 학교도 일과 중에는 학교 행정실 앞 출입문을 통과해야 학교로 들어갈 수 있다. 운동장은 학교 건물 뒤편에 있어 방문객이 학교 행정실을 거치지 않고서는 접근하기 어렵다. 학교 캠퍼스에 명찰을 부착하지 않은 외부인이 보이면 직원이 제지하고 이에 반항할 경우에는 경찰이 출동한다. 학교의 허락 없이는 절대 교실이나 복도, 운동장에 들어갈 수 없다. 부모가 아이를 만나기 위해 학교를 찾아오면 학교 행정실에서 대기하게 하고 직원이 아이를 불러다준다. 또한 찾아온 사람에게 아이가 '엄마'라고 불러도 법적 보호자가 학교에 제출한 서류에 등록된 사람이 아니면 절대 만나지 못하게 한다. 아이를 학대해 양육권과 접견권을 박탈당한 부모가 찾아올 수도 있기 때문이다.

아들이 5학년 때의 일이다.

"내 친구들은 가끔 엄마 아빠가 와서 학교 벤치에서 같이 점심을 먹는데 나도 한 번 해보고 싶어. 엄마도 나중에 삼각김밥이랑 초코파이

철조망으로 둘러싸인 놀이터에서 놀고 있는 어린 아이들.
쉬는 시간에도 반드시 교사들이 감독해야 한다.

랑 우유 싸가지고 학교 벤치에 앉아 같이 점심 먹을까?"

아침에 그러자고 약속을 하고 점심을 준비해서 학교에 도착했다. 때마침 복도에서 아들 녀석이 반 친구들과 함께 구내식당으로 가고 있었다. 아이 이름을 부르며 손을 흔들었더니 아이가 내게 뛰어오려고 했다. 그런데 담임선생님이 아이를 막으며 내게 행정실에 보고하고 명찰을 부착하기기 전에는 아이와 이야기를 할 수 없다는 것이다. 아침마다 얼굴을 맞대고 인사를 해놓도 규정이라 절대 만날 수 없다며 단호하게 말했다.

미국의 경우, 대개 학교 운동장은 학교 건물 뒤편에 있어 아이들이 뛰어노는 모습을 밖에서 훤히 볼 수 있도록 설계하지 않는다. 한국은 운동장이 학교 건물 앞에 배치되어 있어 누구나 접근할 수 있고 아이들이 운동장에서 활동하는 모습이 밖에서도 잘 보여 어린 아이를 보며 성욕을 느끼는 소아기호증 환자를 충동질하는 구조로 되어 있다. 우리네 학교 운동장은 개방적인 구조로 설계되어 아동 범죄에 무방비로 노출되어 있고 주차를 하러 운동장을 가로질러 가다가 학생을 치는 교통사고도 일어나고 있는 실정이다.

어린 초등학생이 잘 가는 놀이터뿐만 아니라, 초등학교 상급반 아이들이 노는 운동장도 철조망으로 겹겹이 둘러싸여 있어 외부인은 접근할 수가 없다. 요행히 그 철조망을 넘어 들어왔다고 해도 절대로 아이들에게 말을 걸거나 신체접촉을 할 수 없다. 점심식사 후 10~20분 정도 운동장에서 노는 시간 동안에도 여러 명의 교사가 이곳저곳에서 아이들을 지키고 있기 때문이다. 미국 학교에서는 교사가 쉬는 시간 없이 아이들을 보호하기 때문에 아동 범죄자가 발붙이기 힘들다.

교문을 들어서서 탁 트인 운동장을 지나 교실로 들어가는 한국 학교에 익숙해져 있던 터라 처음에는 철조망이 쳐진 학교 잔디밭에서 아이들이 노는 것이 마치 닭장 속에 갇힌 것처럼 여겨졌다. 그러나 이곳 생활에 익숙해지면서 아이가 학교에 있는 동안 아이의 안전에 대해 걱정을 하지 않게 되었다. 한국도 새로 학교를 지을 때는 운동장을 학교 건물 뒤에 놓고 신분이 불확실한 외부인은 들어올 수 없도록 학교 건물과 출입구를 관리할 필요가 있다. 아동 범죄에 분노하면서도 이렇듯 허술하게 방치하는 것은 부모된 자가 할 도리는 아닌 듯싶다.

아동보호와 안전문제

미국에서 살면서 안심이 되는 것 중의 하나가 안전이다. '안전 제일주의'에 대한 미국적 가치는 자국민뿐 아니라, 신분이 불안정한 외국인에게도 다행스러운 일이다. 특히 영어가 서툰 어린 아이를 이곳의 학교에 보낼라치면 선생님에게 차별은 당하지 않을까, 음식은 입에 맞을까, 학교폭력에 시달리면 어쩌나 걱정이 이만 저만이 아니다. 그러나 얼마 지나지 않아 미국 사회는 안전하며 학교는 더욱 안전한 곳이라는 생각이 든다.

검증되지 않은 미국산 쇠고기를 수입하려고 할 때, 불결한 중국산 식재료가 버젓이 유통될 때, 쓰레기 만두와 공업용 유지가 들어간 분유가 뉴스를 떠돌 때 한국 정부에 대해 배신감을 느낀다. 이에 비해 미국에 살면서 위험한 먹거리를 미국 내 거주민에게 함부로 먹이지 않을 것이라는 미국 정부에 대한 신뢰를 가지게 되었다. 미국인이 비만을 비롯한 여러 가지 성인병에 시달리는 것은 육류와 설탕 등을 과잉섭취한 데서 비롯된 것일 뿐 위험하거나 거짓된 식료품 때문이 아니다. 물론 유전자를 조작한 식품이 늘어나고 기업식 가축 축산으로 미국의 식재료들이 안전하지 않다는 것을 알면서도 대부분 정부의 식재료 유통을 믿는 분위기다.

나는 미국에서 유통되는 중국 식재료는 안심하고 사는 편이다. 중국에서 가짜 계란이 유통되고 가짜 수박이 폭발하는 것은 국민 보건에 대한 중국 정부의 의지가 약하기 때문이다. 그러나 안전에 관한 한 중국보다 미국 정부의 의지는 믿을 만하고 미국 기준에 맞는 중국산 제품만 유통된다. 마찬가지로 한국에서 불결하고 위험한 중국산 식재료가 유통되는 것은 중국의 탓이 아니라, 국민의 섭생에 무관심한 한국 정부의 책임이다.

또한, 한국은 봄이 되면서부터 단골 뉴스거리 중 하나가 학교에서 생기는 집단 식중독 사건이다. 그러나 미국 학교의 급식에서 식중독 사건이 일어나는 경우는 거의 없다. 어떤 문화·인종적 배경을 가진 가정의 자녀이건 상관없이 안전에 관한 미국적 기준을 통과한 음식만을 제공한다. 그 음식은 이제까지 식중독 사건을 일으킨 적이 거의 없다. 도시락을 준비하지 못하였거나 아이가 먹고 싶어 하는 음식이 나오는 날은 학교급식을 먹으라고 한다. 위생이라는 측면에서 학교급식은 신뢰할 만하다.

아동에 대한 보호 역시 매우 엄격하여 부모가 회초리로 때려도 이유를 불문하고 폭행으로 처벌받을 정도니 학교에서 매를 맞을까봐 걱정하는 일은 없다. 한국의 학교는 안전장치가 부족하고 안전에 대한 훈육도 부족하다. 또한, 학교 시스템이 쉬는 시간에는 학생들이 혼자 학교 여기저기를 돌아다닐 수 있고, 따라서 학교폭력에 노출되기 쉽다. 이에 비해 미국의 아이들은 교사가 보는 앞에서만 공부하고 놀게 되어 있다. 그 규정을 어기면 타임아웃time-out, 즉 지정된 장소에서 혼자 조용히 벌을 받거나 학부모가 학교에 와서 직접 지도하도록 되어 있다.

우리 아이가 다녔던 초등학교는 화장실을 갈 때도 교사의 허락을 받고 장부에 시간을 기입하고 다녀오도록 하거나 교사가 화장실까지 인솔하여 지도한다. 이런 학교에서는 화장실이나 후미진 곳에서 불량한 학생들이 다른 학생을 때리거나 돈을 갈취하는 일이 드물 수밖에 없다.

한국과 비교해 볼 때, 미국 학교의 규율은 엄격하며 학교생활은 상대적으로 안전하다. 캠퍼스 총기사고가 자주 뉴스거리가 되기 때문에 긴장의 끈을 늦추지 않지만 학교를 믿는 편이다. 한국 학교를 경험한 학부모들 대부분이 미국 학교가 안전하다는 데 입을 모았다.

어린이집 밖에 나가 이동을 할 때에는 아이들에게 '안전 손목띠'를
잡게 해 대열에서 벗어나지 않고 교사의 보호를 받도록 한다.

한국에서 살 때 우리 아이와 나이가 같아 유치원부터 같이 다닌 친구 엄마의 이야기다.

"저는 우리 아이에게 다른 아이를 먼저 해코지 하지 말라고 항상 주의를 줘요. 그렇지만 자기 잘못도 아닌데 다른 아이가 괴롭히고 그러면 참지 말라고 가르쳐요. 엄마, 아빠가 책임질 테니 자꾸 맞고 다니지 말고 그냥 선제공격해서 코피를 내버리라고 이야기해요. 얕보이다간 나중에 큰 코 다치잖아요."

그 말을 듣고 난 후로는 그 가족이 무서워졌다. 그렇게 자녀를 부추기는 무서운 부모들이 있는 한, 학교에서 우리 아이들의 안전은 위협받는다. 한국의 학교가 엄격한 위생기준과 규율 그리고 성숙한 학부모가 울타리가 되는 안전한 배움터가 되기를 간절히 바란다.

학교폭력에 대처하는 자세,
보고일까? 고자질일까?

미국에서 살기 시작하면서 아이를 등교 시키느라 매일 학교에 간다. 어느 날 교실 앞 복도에 소년이 슬픈 눈빛을 띈 흑백사진 포스터가 붙어 있었다.

"연극 포스터인가봐. 언제 공연하니?"

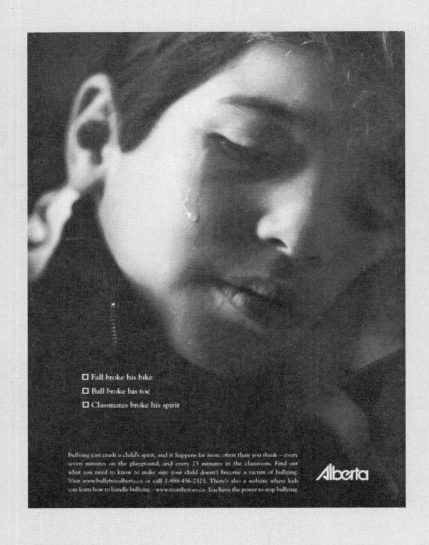

□ Fall broke his bike
□ Ball broke his toe
□ Classmates broke his spirit

Bullying can crush a child's spirit, and it happens far more often than you think – every seven minutes on the playground, and every 25 minutes in the classroom. Find out what you need to know to make sure your child doesn't become a victim of bullying. Visit www.bullyfreealberta.ca or call 1-888-456-2323. There's also a website where kids can learn how to handle bullying – www.teamheroes.ca. You have the power to stop bullying.

Alberta

교실 앞 복도에 붙어 있는 학교폭력 예방 포스터

세번째 이야기 \ 초등교육

"학교폭력 포스터에요."

다시 보니 학교폭력에 관한 포스터였다. 안전에 관한 한 미국 학교를 신뢰하고 있던 외국인 엄마의 가슴이 철렁 내려앉는 순간이었다.

그날 저녁, "여기에도 학교폭력이 있니?"하면서 하나씩 캐물었다. 아들 녀석은 여기에도 학교폭력bullying이 있고 선생님이 학교폭력에 대처하는 매뉴얼을 진지하게 가르친다고 했다. 대처요령 첫째는 '하지마'라고 단호하게 말하기, 둘째는 교사와 부모에게 알리기, 마지막은 괴롭히는 아이와 맞붙어 싸우지 말고 학교와 경찰에게 도움을 청하기이다.

미국 아이들은 '하지마'라는 자신의 의사를 단호하게 표현하도록 교육받는다. 더구나 미국 아이들은 친구들과 갈등상황이 생기면 어른에게 '보고'하는 것이 생활습관이다. 이곳에서 자란 교민 자녀와 한국에서 갓 이민 온 아이가 같이 노는 것을 보면 교민 자녀가 끊임없이 '고자질'을 한다는 느낌이 든다.

"○○가 제 팔을 스쳤어요."

"○○가 뛰다가 저랑 부딪힐 뻔 했어요."

"저를 흘끔흘끔 보는데 불편하니까 하지 말라고 말해주세요."

"○○가 규칙을 안 지켰어요. 반드시 규칙을 지키라고 지도해주세요."

10살 안팎의 어린애들이 10분이 멀다하고 자꾸 고자질을 하니 성가시기도 하고 당돌한 것 같기도 해서 빈정이 상하기도 한다. 그것을 보고 교민 엄마들은 "미국서 자란 애들은 신체 접촉에 민감해서 가볍게 '스치는 것'도 못 참고 불편한 점들은 '보고'하는 게 몸에 배어 있어요."라며 문화 차이를 알려주었다.

한국의 교육현장에서 들려오는 학교폭력의 이야기에 놀랄 때마다 아이 어깨를 꽉 잡고 학교폭력을 당하면 먼저 '하지마'라며 단호히 말하고 엄마나 선생님에게 즉시 '보고'하되 싸우지는 말고 평화롭게 대처하라는 세 가지 매뉴얼을 지키라고 단단히 주의를 준다. 이제는 교민 아이들이 하는 말이 고자질이 아니라, 자신이 겪은 부당함을 보호자에게 알려 건강하게 소통하고 있다는 생각이다. 지금은 아들이 친구들과 놀때 친구들이 2번 넘게 엄마에게 보고를 하면 그날은 그만 놀고 집에 가서 반성하기로 규칙을 정했다. 이곳 문화를 배우면서 아이도 점차 지적당할 행동을 스스로 고쳐나갔다.

아들 녀석은 날마다 학교가 재미있다고 노래를 한다. 학교폭력이 있는 미국 학교가 왜 좋으냐고 물으니 학교는 재미있고 선생님도 친구들도 예의바르고 친절해서 좋단다.

"여기에서 학교폭력은 그냥 스친 거, 몸 살짝 기댄 거, 부딪혀놓고 사과 안 한 거 그런 거야. 한국처럼 이유 없이 때리고 빼앗고 싸움 제일 잘하는 남자애가 거들먹거리면서 윽박지르고 하는 거 아니니까 걱정 마."

학교는 무엇이 학교폭력인지 가르치고 그에 대처하는 방법도 가르친다. 학생들은 작은 학교폭력도 참거나 넘겨버리지 말고 보고하라고 배우고 교사는 폭력의 경중을 떠나 반드시 그에 따른 조치를 취한다.

한 번은 초등학교에서 일본계 아이가 화장실 안에서 볼일을 보는데 밖에서 아이들 두어 명이 화장실 문틈으로 안을 들여다보며 놀려댄 일이 있었다. 그 일본계 아이가 울면서 담임선생님에게 보고를 하자, 교장, 상담교사, 학생주임교사가 위원회를 구성하고 장난을 친 학생의 부모를 모두 불러들였다. 물론 그 부모들은 손이 발이 되도록 일본계 아이의 부모에게 용서를 구했다.

　문화 차이를 무시하는 것은 아니지만 한국에서는 어땠을까 싶었다.

　"우리 아이가 좀 짓궂은 편이에요."

　"아이들끼리 놀다보면 그럴 수도 있죠."

　"같이 아이 키우는 처지에 너무하는거 아니에요?"

　"팍팍한 세상 둥글둥글 살아야지. 어지간히 유별나게 군다."

　자기 아이에게 주의를 주고 사과하는 부모도 있겠지만, 오히려 사소한 일에 학교에 오라가라 하냐며 큰소리 치는 학부모도 있을 것이다. 혹은 담임선생님이 일을 크게 벌이지 않으려고 아이들을 모아놓고 서로 악수시키고 사과하라며 윽박지르면서 얼렁뚱땅 일을 마무리 지었을 수도 있다. 아이가 다른 아이의 수치심을 자극하는 것은 놀이가 아니라, 정서적 성장과 성정체성에 부정적인 영향을 미칠 수 있다는 생각을 하지 못하기 때문이다.

　2008년 아들이 한국에서 초등학교 2학년일 때 학교에서 사소한 괴롭힘을 당한 적이 있다. 담임선생님도 매우 적극적으로 조언을 해주었다.

　"제 경험으로 보면, 아이들은 확실히 덩치가 크고 힘이 센 아이는 덜 괴롭히는 건 있어요. 덩치가 작아도 깡이 세고 눈빛은 날카롭게 끝까지 대들면 괴롭히다가도 마는 것 같습니다. 저도 유심히 살펴보겠습니다만, 괴롭히는 아이가 있을 때 기죽지 말고 세게 나가라고 해보세요."

담임선생님은 오랜 교직 경험에서 나온 지혜로운 조언이라고 해주었지만, 동물의 세계도 아니고 그게 조언이라고 하는 말인지 의심스러웠다. 당시 담임선생님은 나름 적극적으로 임해주었지만 방법적인 면에서 서툴러 솔직히 실망스러웠다.

학생이 자신이 당한 부당함을 아무리 보고해도 학교에서 적극적으로 대처하지 않으면 피해학생은 곧 무기력함을 느낀다. 보고를 고자질로 여기는 한국 문화에서 급우에게 괴롭힘을 당하고 있는 사실을 알리기란 쉽지 않다. 그럼에도 불구하고 지푸라기라도 잡는 심정으로 선생님에게 알렸는데 묵인한 일이 언론에 보도되었다. 본분을 잊은 교사는 마땅히 중징계를 받게 한 결정이 옳다고 본다. 그런데 그런 무책임한 행동에 자성의 목소리를 내야 할 한국의 교사들이 그 징계 이후, 담임 맡기를 꺼린다는 얘기가 들린다. 담임업무는 잡무가 아니라, 교사의 핵심 업무다. 담임업무와 생활지도를 꺼리면서 교권을 운운하는 것은 모순이다.

교권이 무너지고 폭력이 난무하는 학교가 되어버린 것은 교사의 보신주의도 한 몫 한다. 교권을 말하려거든 최소한 본분에 충실한 모습부터 보여야 할 것이다.

문화마다 격려하는 방식이
달라요

흔히 '칭찬은 고래도 춤추게 한다'고 한다. 문화마다 고래를 춤추게 하는 칭찬이 다를 테지만 미국은 특히 칭찬하는 데에 너그러워 보인다. 미국에는 다양한 문화가 있지만 주류는 개인주의를 바탕으로 한다. 이는 독립성, 자기 만족, 자기 확신 등으로 표출되기 때문에 사회적 관계와 체면을 중시하고 공동체의 이익을 위해 개인이 양보해야 한다고 믿는 한국 문화와 사뭇 다르다.

미국 학교에서는 개인주의가 어떻게 비춰질까?

선생님은 학생을 수시로 칭찬한다. 아이들이 칭찬 속에서 자란다. 칭찬받고 자란 아이는 자존감이 강해지고 가치 있는 존재로 자신을 인식한다. 아들이 초등학교 5학년 때 박물관에서 열리는 실험 수업에 참여한 적이 있다. 햇빛에서 색깔이 달라지는 물질에 관한 화학실험을 했다.

"햇빛을 받으면 원하는 색깔이 나오는 젤리를 만들 거예요. 각자 원하는 색깔을 말해 봐요."

첫번째 아이가 파란색이라고 말하자 교사는 파란색 안료를 슬라이드에 넣어주었다. 두 번째 아이 역시 파란색이라고 말했고 네 번째 아이까지 파란색이라고 말했다. 아들 차례가 되었다.

"파란색 말고 다른 색 해도 되죠. 전 보라색이요."

"앞의 친구들이 모두 같은 색을 얘기해 다른 색을 얘기하기 어려웠을 텐데 보라색이라고 용감하게 얘기했으니 상으로 초콜릿을 두 개 주마."

이후 아이들은 다양한 색깔을 말하기 시작했다. 일찌감치 모난 돌이 정 맞는다고 주입하지 않는다. 미국 사회가 모난 돌이 정을 맞는 사회였다면 아마 아이를 사랑하고 보호해야 할 책임이 있는 부모와 교사는 아이들이 정 맞지 않도록 미리부터 단련시킬 것이다. 소수의견을 가진 사람에게 암묵적으로 다수의견을 강요하는 또래압력Peer Pressure을 극복한 대가로 아들은 초콜릿을 받았다.

처음 이곳 학교에 오던 날, 선생님이 어찌나 친절하고 상냥하던지 아이를 믿고 맡길 수 있겠다 싶었다. 막상 입학시키고 돌아서던 날, 낯선 곳에 아이를 맡기고 돈 벌러 가는 엄마처럼 죄책감에 발길이 무거웠다. 한 달이 지날 무렵이었다.

"학교에서 뭘 배웠니?"

"그걸 내가 어떻게 알아? 여기 사람들은 한국말을 안 하는데…."

"그럼 수업시간에 힘들어서 어쩌니?"

"그래도 선생님이 이것저것 칭찬해주고, 뭔지는 잘 몰라도 하여튼 재미있어."

아이가 수업을 제대로 따라가는지 알고 싶어 수시로 수업도 보러 가고 선생님과 상담도 자주 했다. 나는 교과내용을 이해하지 못하는 아들이 걱정인데 선생님들은 칭찬이 늘어진다. 처음에는 그런 칭찬에 걱정이 사라지는 것 같더니만, 나중에는 빈말인가 싶어 상담도 안 하게 되었다. 한국 선생님 같으면 '좀 엉뚱한 면이 있긴 하지만 국어와 사회 과목은 잘 따라오는 편이고 수학이 좀 약하니 노력해야 한다'는 식으로 조목조목 짚어주었을 텐데, 여기서는 연신 'sweet' 'nice' 'fine'을 외치며 온통 칭찬만 하니 나중에는 짜증이 났다.

2013년 어느 봄날, 플로리다 대학에서 박사후과정에 있던 교민 엄마와 이야기를 나눈 적이 있다.

"여기 선생님은 왜 그렇게 칭찬을 쓸데없이 많이 하는지 모르겠어요. 지난 주 우리 애가 단어시험에서 96점을 받았는데 선생님이 '멋있다. 네가 자랑스럽구나Fantastic! I am so proud of you'라고 써 놨더라고요. 그래서 너희 반에서 제일 못한 애는 몇 점을 받았냐고 물었더니 39점이래요. 그럼 그 아이는 선생님께 꾸중을 들었겠구나 했더니 아니래요. 그냥 'So good'이었대요. 난 여기 선생님을 이해 못하겠어요."

"그럼 그 아이가 지난번보다 점수가 높아진 것일 수도 있어요. 타인과 경쟁하는 것이 아니라, 과거 자신의 성취도와 비교하는 게 미국 교육이니까요. 그래도 한국 엄마로서는 좀 이해가 안 되죠?"
라고 말해주었지만 나로서도 확신이 서지 않았다.

대학원 수업시간에 이 주제를 꺼내 토론을 했다. 현직 교사들은 미국 교육은 개인주의를 바탕으로 자기를 긍정하고 독특한 존재라는 자기 인식을 심는 것을 중요하게 여기기 때문이라고 했다. 타인에게 의존

하지 않고 씩씩한 개인으로 성장하기 위해 칭찬이 필요하다는 말이다. 이곳에서는 청소 등 허드렛일을 하면서도 자기가 잘 할 수 있는 일이라는 긍지를 갖고 즐겁게 일하는 사람들을 많이 본다. 그런 자긍심은 어떤 일이든 노동의 가치를 높이고 직업의 귀천을 허무는 밑바탕이 되기 마련이다.

수학을 못한다는 말을 들으면 미국 학생은 잘하는 과목에 집중해서 자기긍정을 추구하고 한국 학생은 타과목과 균형을 맞추기 위해 수학에 시간을 더 할애한다. 결핍을 채워나가는 방식으로 자기 발전을 꾀하는 한국인에게 시시한 칭찬을 마구 하는 것은 그다지 와닿지 않을 수 있다. 격려하는 방식도 문화적으로 다른 것 같다.

처벌과 체벌은 달라요

체벌과 교권은 별개의 개념이어야 한다. 그러나 한국에서는 학생이 체벌을 거부하면 교사는 교권에 대한 도전이라고 생각하고, 학생은 잘못된 행동에 대한 당연한 처벌을 '체벌'이나 '차별'로 생각하여 교권을 훼손하려 들기 일쑤다. 2011년 한국의 학교에서 벌어진 '엎드려 뻗쳐'를 두고 교권을 행사한 것으로 보는 교사와 체벌로 보는 학부모 사이의 의견 차이가 심각해 보인다.

미국에서는 아이들이 잘못을 하면 교사가 어떻게 대처할까?

이곳의 교사들은 기본적으로 친절하고 상냥하다. 그 상냥한 미소와 다정한 말투 속에 엄청난 권위를 품고 있어 간혹 놀라기도 한다. 권위는 있되, 앞세우지는 않는다는 뜻이다. 하루는 우리 아이가 급수대에서 줄을 서 있다가 앞에 있던 아이가 한눈을 파는 사이 먼저 물을 마셨다. 새치기를 당한 아이는 우리 아이를 한 번 노려보고는 휙 돌아서서 가더란다. 조금 있으니 담임선생님이 와서 두 아이 앞에서 사건을 보고받고는 우리 아이에게 잘못된 행동을 했다며 경고장을 발급했다.

"한국에서는 그냥 넘어갈 만한 일이잖아. 여기 사람들은 친절하긴 한데 너무 깐깐해요."

경고장을 받아들고 온 아이가 볼멘소리를 했다.

그 경고장에는 사건 내용이 간단히 적혀 있고 부모의 확인서명과 소견을 적어서 제출해야 했다. 나는 아이에게 주의를 줬고 아이가 반성하고 있다는 답변을 적어 보냈다.

또 어떤 날에는 한국에서 온지 얼마 안 된 4학년 아이가 실랑이 중에 친구를 밀었는데 이를 본 선생님이 경고장과 함께 여름 뙤약볕에서 운동장 네 바퀴를 돌라고 벌을 주었다. 그 아이 부모가 체벌이 지나치다며 항의했더니, 사람을 미는 것은 폭력이며 마땅히 벌을 받아야 하고 이미 정해져 있는 매뉴얼에 따른 정당한 처벌이라며 단호했다. 손이나 매로 몸을 때린 것이 아니기 때문에 '처벌'이지 '체벌'이 아니라고 했다.

아이가 5학년 때, 학교에 참관수업을 갔더니 한 아이가 책걸상 없이 땅바닥에서 필기를 하고 있었다. 왜냐고 물어보니, 책상을 치며 소란스럽게 해서 선생님이 책상을 치우고 의자에서 수업을 받게 했단다. 그런데 다음날엔 의자를 앞뒤로 흔들며 소음을 내서 그마저 치우고 일주일째 땅바닥에서 공부 중이었다. 몇 차례 벌을 받고 일주일을 성실하게 보내지 않으면 학부모를 불러 땅바닥에서 공부하거나 반성실로 보낼 것을 통보한다. 만약 한국이었다면 '학습권' 박탈을 주장하며 학부모가 항의했을 것이고 교사들은 그런 항의가 두려워 대부분 무시하고 넘겨버렸을 것이다.

학년 말 아이스크림 파티 때의 일이다. 1년 동안 칭찬 스티커를 많이 모은 아이는 아이스크림 2개를 골라 먹을 수 있는데, 보통은 1개를 골라 먹는다. 그런데 22명 중 2명은 빈 그릇과 숟가락만 들고 있었다. 1년간 성실하지 못해서 아이스크림 파티 때 빈 그릇을 보며 반성하는 중이라고 한다. 친구들은 절대 자기 몫을 나눠주어서는 안 된다. 마지막 학년 말 파티에서 너무 야박하다고 따진다면 한국의 학부모일 것이다. 처음 정했던 규칙을 어기고 서로 나눠먹거나 마지막이라고 해서 눈감아준다면 다인종·다문화 미국 사회는 걷잡을 수 없이 어지러워질 것이다.

한국에서 교사생활을 할 때 한 학생이 잘못을 하여 학부모에게 전화를 한 적이 있었다. 그 학생의 아버지는 '큰 잘못도 아닌 일로 한가하게 학교를 방문하거나 전화할 시간이 없다'며 대수롭지 않게 끊었다. 지금이라면 편지를 쓰거나 그 가정과 부모를 이해하기 위해 좀 더 노력했을텐데 그때는 어이 없이 덮어버리고 말았다. 제대로 벌을 주고 올바르게 이끌기 위해서는 애정어린 끈기와 상당한 전문성을 길러야 한다는 사실을 절감한 순간이었다. 학생을 포기한다는 것은 교권 추락의 빌미가 되는 것이다.

지금 한국의 학부모는 체벌과 처벌을 구분하지 못하고 교권이 남용되는 것을 고스란히 체험한 세대다. 그러니 무분별한 처벌을 "학대"로 여기는 학부모들은 교사를 믿지 못한다. 아이들은 부모와 교사의 줄다리기 틈에서 옳고 그름을 판단하기보다는 과잉보호와 과대평가 속으로 파고 들기 바쁘다. 이제는 교사든 학부모든 처벌과 체벌을 명확히 구별할 때가 왔다. 체벌은 그것이 아무리 교육적이라고 하더라도 인권과 교육의 본질에 위배되므로 교육현장에서 사라져야 한다. 학부모와 학생 역시 교사의 권위로 부과하는 정당한 처벌에 대해 섣부르게 도전하면 곤란하다. 처벌과 체벌에 대한 가이드라인이 필요한 때다.

네번째 이야기

중등교육

이솔 마그넷 초등학교를 다니면서 영어를 모국어로 하지 않는 외국인 아이들을 전문적으로 가르치는 이솔 교사와 학교 프로그램의 도움을 많이 받았다. 아이의 영어수준이 빨리 올라간 것도 모두 그 덕분인 것 같다.

아이가 초등학교를 다닐 때는 영어와 초등학교 규칙에 잘 적응하는 것이 주된 관심사였다. 하지만 중학교로 진학하자 학과공부로 관심이 집중되었다. 교육청 영재성 검사에서 수학과 과학과목에서 영재로 판정을 받은 후에는 미국의 영재교육과 수준별 수업에 관심이 갔다.

아들이 아시아인이 드문 학교를 다니면서 자신의 인종적 정체성에 대해 고민하기 시작하자 나 역시 문화·인종적 논쟁에 민감하게 반응하게 되었다. 입양한 조카를 같은 중학교에 입학시킨 이후로 인종적 문제는 항상 우리 가족의 밥상머리 대화의 소재가 되곤 했다. 결국 인종문제와 다문화 교육이 나의 연구주제가 되기에 이르렀다.

지금부터 중학교 학과공부와 유색인종 중학생이 겪을 수 있는 인종적 주제 몇 가지를 다룰까 한다.

아들이 다닌 중학교 행정실 앞.
수업을 마치고 학생들이 자신을 데리러 올
부모를 기다리고 있다.
교사와 경찰관이 안전지도를 한다.

영재교육 대상자가 되다

70~80년대 한국인들은 탈무드를 읽으면서 유태인의 교육방식을 배웠다. 세계적으로도 유태인과 한국인의 IQ가 가장 높고 학구열도 높다고 한다. 한국인의 교육열이 자랑스러웠고 미국에서 성공한 한국인 사례들이 소개될 때마다 흐뭇하기까지 했다. 미국에서 교육학을 공부하다 보면 낮은 성적, 정학, 자퇴 등을 이야기할 때는 대부분 흑인이나 남미계 학생들이 소개된다. 반면 아시아계 학생은 학업성취도가 높아 '모범적인 소수인종'으로 불린다.

아들 녀석이 같이 어울리고 싶어 하는 아이들은 대부분 우수반에 배치된 백인 학생들이었고 흑인 아이들과는 잘 어울리지 못했다. 중학교에 진학하면서 이런 문화·인종적 이질감은 더 심해졌다.

어느 날 저녁 아이가 분노에 부들부들 떨면서 울기 시작했다.

"엄마, 나도 백인 아이들이 있는 반에서 공부하고 싶어. 우수반으로 바꿔줘. 난 흑인 애들이랑 같이 있는 게 싫어."

"단지 흑인 애들이라고 싫다고 하면 어떻게 해."

"나랑 안 맞아. 싫어. 그리고 걔들이랑 있으면서 무슨 공부를 해? 자꾸 했던 거 복습만 하고 있어. 그런데도 걔들은 이해를 못해. 걔들이랑 같은 그룹 활동하면 내 답이 맞는데도 나더러 틀렸다고 몰아세우고 그래. 아빠가 사준 샤프도 마음대로 꺼내 쓰고 지우개도 망가뜨려 놓고. 그냥 나랑 안 맞아. 같이 프로젝트를 할 수가 없어. 걔들은 수업시간 내내 떠들고 선생님이랑 흑인 애들이랑 만날 싸우고 같이 있으면 나도 정신이 이상해지는 것 같아."

"그래도 학교에서 너를 그 반에 배치했을 때는 이유가 있겠지. 이제 미국 온 지 1년 반밖에 안 되었는데 미국 애들도 어려워하는 우수반 보다 차근차근 반을 옮기는게 어떨까?"

아들은 수학만 우수반에 배치되어 있었는데 그 반의 분위기가 마음에 든다고 막무가내로 영어 읽기와 영어 쓰기까지 모든 과목을 우수반으로 바꾸고 싶어 했다. 그러던 차에 아들에게서 영재성이 엿보인다고 교사들이 추천했다며 교감이 영재 테스트를 받으라고 권유했다. 관련 기사를 인터넷에서 찾아보니 플로리다 주의 영재반 지능검사는 137점을 130점으로 재환산하여 130점 이상 학생 중 수학과 과학에서 성취도가 높은 학생을 선발하고 있었다.

학교에서 시력과 청력을 포함한 간단한 신체검사를 받고 교육청에 소속된 학교심리학자와 상담자의 감독 하에 Naglieri Nonverbal Ability Test^{NNAT}와 Kaufman Test of Educational Achievement-Ⅱ^{KTEA-Ⅱ}를 받았다. 영재검사를 받기 전에 신체검사를 하는 것이 특이했다. 신체적 결함이나 과잉발달로 인해 검사에 영향을 줄 수 있는 모든 신체적 상황을 사전에 점검하는 것이다.

아들은 신체검사에서 시력이 나빠 교정 안경을 맞추기 전에는 영재검사를 진행할 수 없다는 판정을 받아 검사가 한 달간 보류되었다. 또한 아들이 한국어를 모국어로 하는 이중언어 구사자라는 점을 헤아려

NNAT 검사를 먼저 받도록 하였다.

플로리다 주는 수학과 과학, 두 과목에 대해서만 영재 프로그램을 지원해 주는데, NNAT와 KTEA-Ⅱ는 언어능력까지 측정했다. 결과가 나오자 학교심리학자, 상담교사, 영재담당 교원이 모여 나와 앞으로의 교육 계획을 의논했다. 영재아로 판정을 받자 모든 과목을 영재반이나 우수반으로 학급을 바꿔주었다. 아이는 원하던 반으로 저절로 옮기게 되었다. 물론 영재아로 판정을 받아 우수반으로 옮긴 후에 성적이 좋지 않으면 다시 보통반으로 배치된다. 플로리다 주에서 다른 주로 전학을 가더라도 영재판정 결과와 학습 진행상황은 기록으로 남는다.

갑자기 교과 수준이 높아져서 진도를 못 따라가면 어쩌나 걱정을 하기도 했지만 잘 따라가 주었다. 몇몇 아이들이 우스갯소리를 해서 잠깐 소란스러울 때도 있지만 수업도 재미있고 친구들과 말도 통해서 만족해했다. 단순 암기나 기본개념 이해를 넘어서 난이도가 높은 문제도 풀고 책을 읽고 토론하거나 다양한 프로젝트와 과학경시대회에 출품할 실험을 유도하는 수업이 주를 이루었다. 생물시간에는 실제로 희귀한 뱀과 거북이를 키우기도 하고 뱀알을 대학 실험실에 팔아 기금을 마련하기도 했다. 아들은 뱀의 허물을 벗겨주고 쥐를 먹이로 주면서 제법 뱀을 능숙하게 다루었다.

아이가 수학과 과학 과목에서 영재로 판정받았을 당시에는 내심 기뻤다. 하지만 요즘에는 별생각 없이 영재검사를 받게 하고 결과에만 마냥 기뻐한 것이 아시아적인 가치관 때문이었다는 것을 깨닫게 되었다.

교내 과학경시대회에는 과학 우수반 학생들이 주로 참가한다.
아들은 빙판길에 소금을 뿌리는 원리를 설명하기 위해
소금과 설탕 등이 얼음을 녹이는 데 각각 얼마나 효과적인지
알아보는 실험을 출품하여 우수상을 받았다.

얼마 전 아이가,

"엄마, 알렉스랑 달라스는 영재인데도 부모님이 보통반에서 공부하기를 원해서 우리랑 같이 공부 안 해."

학교에서 영재검사를 받아보라고 요청을 해도 미국 학부모들은 고심 끝에 검사를 거절하거나 영재반에 배치되는 것도 거절하기도 한다. 심지어 아이가 초등학생일 때는 자신이 영재로 판정을 받았다는 사실을 아이에게 알리지 않는 부모도 많다. 한국 교민 중에서는 교육청 검사에서 떨어지자 사설기관에서 100만원 넘는 돈을 들여 검사한 결과지를 학교에 제출하고 영재반에 들어가는 경우도 있었다.

아이가 잘 배우고 멋지게 성장하기를 바라는 것은 미국 부모도 마찬가지지만, 한국 부모만큼 영재성에 목을 매지 않는다. 잘 알려진 몇몇 미국의 영재학교에 60% 정도가 백인이고 35-40% 정도가 아시아계 학생인 이유는 백인 위주의 계층사회라는 점과 아시아적인 교육지향성을 보여주는 것이지 백인과 아시아인이 더 똑똑하다는 의미는 아니다. 만약 백인 부모들이 한국인과 같은 교육열을 가졌다면 아마 95%까지도 거뜬히 올라갔을 것이다.

지능에 관한한, 한국인의 IQ가 높다는 말은 근거 없는 이야기다. 물론 유태인의 IQ가 높다는 말도 근거 없다. 한국인과 유태인의 IQ를 조사하여 세계 평균과 비교한 연구가 있다고 하더라도 얼마나 신뢰할 수 있을지 의문스럽다. 그것은 한국인이 만들어낸 자기도취적 가십에 지나지 않을 뿐 아니라, 특정 민족에 대한 우월성을 강조하고 있다는 점에서 우려스럽다. 호주의 심리학자 플린James Flynn은 IQ 점수는 매 10년마다 3점씩 상승하고 있다는 연구결과도 밝힌바 있다. 이렇듯 지능은 세대 간 비교도 어렵고 검사도구에 따라서도 달라진다. 올바른 길로 가지 못하고 열정만 넘쳐나면 좋은 결과를 얻기가 어려운 법이다. 이제는 교육열을 자랑스러워 할 때가 아니라 무엇을 어떻게 교육할지 고민하는 것이 좋겠다.

이런 수학 문제는
인도 애들 시켜

예전에는 한국인이 하버드 대학에 입학했다거나 미국 학생과 경쟁하여 우수한 성적을 받았다는 이야기를 들으면 기분이 좋았다. 평범한 한국 학생들도 미국 아이들에 견주면 수학실력이 아주 뛰어나다는 말도 심심찮게 들었다. 다행히 우리 아이도 영어는 서툴렀지만 수학은 곧잘 따라갔다. 1년 정도 유학계획을 잡고 온 부모들도 한국으로 돌아갈 때쯤 이곳의 수학 교육과정을 그리 어렵게 여기질 않는 것을 보고는 그런가 보다 했다.

수학을 잘하는 한국 학생들에 비하면 미국 아이들의 수학 실력이 떨어진다든지 계산기가 없으면 간단한 셈도 헤맨다는 이야기를 듣곤 한다. 이곳에서는 수학을 잘한다고 해도 한국으로 돌아가면 여지없이 뒤처진다는 말을 수도 없이 들었던 터라 '수학에 신경써'라는 말을 달고 살았다.

어느 날 중학생 아들 녀석이 수학숙제를 한다면서 계산기를 찾았다. 손가락, 발가락을 쓰다가 안 되니 계산기를 찾나 싶었다.

"수학 문제 푸는데 계산기를 왜 써? 계산기 쓰지 마! 안 돼!"

"여기서는 수학을 풀 때 계산기를 써야 하는 문제도 있어요."

"한국 애들이 비웃겠다."

그러자 아들 녀석이 한국에서는 수학을 풀다보면 0, 1, −1 같은 답이 많이 나오는데, 그런 문제는 계산기 없이 풀도록 인위적으로 설계된 문제란다. 미국에서도 그런 문제는 계산기를 사용하지 말라고 선생님이 미리 알려주는데, 8,795.21×30과 같은 수학문제일 경우에는 계산기를 사용하도록 한다. 멀티리터러시Multi-literacy* 원칙을 반영하여 계산기 사용법을 수학시간에 가르친다. 셈의 기본원칙은 익혔으니 복잡한 연산은 계산기로 손쉽게 하는 것이 효율적이라는 입장이다.

대신 이곳의 수학문제는 수학을 실생활과 연계시키는 응용문제가 많다는 특징이 있다. 14.99달러 옷을 5% 할인쿠폰을 주고 구입하여 세금 6%까지 계산해서 실제 지불금액이 얼마라거나, 대출이자나 세금환

||||||||||||
*　　리터러시는 읽고 쓰기, 멀티리터러시는 다양한 매체를 통한 읽고 쓰기를 뜻한다. 컴퓨터 리터러시는 컴퓨터라는 매체를 통한 읽고 쓰기를 말하며, 계산기를 이용하여 셈하기를 가르치는 것은 수학 계산기 리터러시에 해당한다.

급 등 생활에서 필요한 단위를 계산하다보니 계산기를 자연스럽게 사용한다. 때로는 문제 길이가 4-6줄이나 돼서 언뜻 보기에 수학인지 독해인지 의심스러운 문제도 많다. 수학의 렌즈를 통해 현실을 이해하는 것이 미국 공교육의 방향이기 때문이다.

아이 둘을 한국에서 대학에 보내고 작년에 미국으로 이민온 분이 이런 얘기를 했다.

"한국은 수학 좀 덜 가르쳐야 해. 수학을 죽어라 어렵게 가르쳐서 대학 보내니 쓸모도 없어. 필요하면 대학에서 배우면 되는 건데. 대학 가서 영어연수 때문에 돈이 얼마나 들어갔는지 말도 못해. 쓸모 있는 건 덜 가르치고 쓸모없는 건 너무 많이 가르치고 이래저래 내 돈만 털어갔어."

한국 아이들이 수학을 잘하는지 미국 수학 교육이 더 나은지는 관점에 따라 달라질 수 있다. 하지만 이곳에서 아이를 공부시킨 한국 교민들의 생각은 한결같다. 한국 수학은 수학 문제풀기 시합이지 수數와 논리를 다루는 공부는 아니라는 것이다. 이곳에서 아이를 키워보니 나도 조금씩 보는 눈이 달라지는 것을 느낀다.

"친구들이 나한테 수학 잘 한대요."

늦은 밤 중학생 아들이 조심스럽게 말을 꺼냈다.

"그런데요. 그런 말 들으면 기분이 나빠요. 왜 그런 거죠?"

"그런 말에 기분이 나쁜 거 보니 우리 아들 많이 컸네. 네 맘 이해해."

머리를 쓸어주면서도 마음이 짠하게 아파왔다. 불과 몇 해 전만 해도 그런 말이 왜 기분 나쁘냐고 아들 녀석을 이해하지 못했을 것이다.

미국에서는 아시아계 학생을 수학은 물론 자존감과 성취욕이 높다고 평가한다. 그래서 '모범적인 소수인종Model Minority'이라고 부추긴다. 수학을 잘하면 인종적 편견에 일조하는 것이고 수학을 못하면 아시아인에 대한 기대치에 못 미치는 낙오자가 되는 셈이다. 수학을 잘한다는 말이 듣기 싫었던 이유는 친구들이 인종적 잣대로 자기를 평가하고 있다는 것을 은연중에 느꼈기 때문일 것이다.

한 번은 어려운 수학 문제를 두고 한 백인 아이가 "이런 건 인도 애들 시키면 되지, 왜 풀고 있어?"라는 이야기를 했다고 한다. 싼 임금에 유색인종 아시아인을 고용하여 3D업종을 하도급으로 주는 인상을 받았을지 모른다. 아시아계 학생은 이처럼 수학적 재능과 순종적 이미지로 덧칠되어 있다.

"엄마는 내 마음을 이해한다는데, 나는 왜 내가 기분이 나쁜지 아직도 모르겠어요. 왜죠?"

"친구들은 칭찬으로 한 말인데도 기분이 찜찜하고 걔들한테 화도 못 내겠지? 본래 차별하는 사람은 자기가 차별한 건 모르고 상대방이 예민하게 반응한다고 생각해. 너 역시 친구의 호의를 받아주지 못해 약간 미안하기도 하고 말이야. 이 문제를 어떻게 해결하고 싶은지 잘 생각해 봐."

늦은 밤 숙제를 받아들고 나가는 아들의 어깨가 무거워 보였다.

1. 미국의 수학 교과서는 대학 전공서적처럼 두껍고 무겁다

2. 미국 교과서에 실린 수학문제

체육 우수반에는
백인 아이들이 많아요

미국 초·중등학교 과목은 수업을 수준별로 나누어 진행하는 트레킹 tracking으로 나뉜다. 트레킹은 학교마다 다르기 때문에 아들이 디니던 학교를 소개하겠다.

7학년의 수학과목은 보통반regular·7학년 우수반8학년 보통반, pre-algebra·8학년 우수반algebra honor으로 구성된다. 트렉이 다양하게 마련되어 있어 수학이 처지는 학생과 우수한 학생 모두를 학교에서 감당해낸다.

영어수업은 우수반, 보통반, 영어에 서툰 학생을 위한 이솔반으로 나뉘고, 사회와 과학도 보통반과 우수반으로 나뉜다. 과학 우수반 중 한 반은 영재 학생으로만 구성된 영재반Gifted & Advanced을 운영한다.

이런 트레킹은 체육에도 적용된다. 두 아이 모두 운동을 잘하고 좋아해서 우수반을 신청했다. 체육 우수반은 보통반 교육과정에 더하여 양궁과 라크로스를 배운다. 신청 이틀째 날에 아들이 거절당했다며 울상을 짓고 돌아왔다. 체육 선생님께 물어보니 평소 체육시간에 까불고 장난이 심해서 우수반에 들어올 수 없다는 답이었다.

"우리는 얼굴이 신분증이야. 피부색부터 눈 모양, 코 모양, 옷매무새까지 죄다 신분증이야. 딱 보면 한국사람인거 다 아는데 학교에서 태도불량이 뭐니?"

너무 창피하고 화가 나서 아들 녀석을 혼내주었다. 체육 선생님에게 반성문에 가까운 사과의 말과 함께 잘 지도하겠다는 편지를 보냈더니 우수반 신청을 받아주었다. 얼마 후 그 말썽꾸러기 녀석이 하는 말이다.

"엄마, 체육 우수반이면 체육 잘하는 애들이 올 것 같잖아? 그런데 아니야."

"그럼 체육 못하는 애들만 오니?"

"아니, 백인 아이들이 모여 있어. 체육은 흑인 애들이 더 잘하는 것 같은데 우수반에는 대부분이 백인이고 흑인은 몇 명밖에 없어. 그리고 황인은 우리 둘. 백인 위주의 세상이야."

유색인종을 배제하는 방법도 여러 가지다 싶은 생각이 스쳤다. 왜 그 많은 교육학자들이 트레킹을 불평등을 양산하는 제도라고 비판했는지 알 것 같았다. 트레킹은 학생의 성취도에 따라 적절한 교육을 제공하겠다는 취지로 시작되었지만 점차 학교 내에서 인종격리 현상을 유발하게 되었다. 흑백통합교육은 1960년대 그 치열한 민권운동의 결과물이다. 다시 수월성秀越性 교육이란 이름으로 태어난 트레킹은 결과적으로 학교에서 인종분리 정책segregation으로 나타나고 있다. 인종분리 정책에서 인종통합 정책de-segregation을 거쳐 트레킹 제도로 공교육에서 재인종분리resegregation가 진행되고 있으니 정말 교육에는 답이 없는 것 같다.

박정희 대통령의 교육정책 중 가장 잘한 것 중 두 가지는 중앙정부에서 세금을 일괄 징수하여 각 교육청으로 다시 분배하는 교육세 제도와 고교평준화 제도라고 생각한다. 미국은 해당 교육구에서 재산 정도에 따라 교육세를 부과하기 때문에 가난한 사람들이 많은 지역은 교육세가 적게 징수되고 부자들이 많은 지역은 교육세도 풍부하다. 이러니 가난한 사람들이 많이 사는 교육구는 교육재정이 취약하기 때문에 가난한 가정의 자녀들은 비가 새는 교실에서 양동이로 빗물을 받으면서 자격 미달 교사에게 배워야 한다. 그나마 수준 높은 교사는 백인이 대다수인 우수반과 영재반에 배정되는 경향이 있어 유색인종 이민 자녀와 흑인 아이들이 공부를 잘하기는 쉽지 않다. 대신 그들은 인종적 적대감과 분노를 온 몸에 아로새긴다. 어떤 이들은 흑인들은 게으르고 머리가 나빠 공부를 못한다는 말도 하지만, 미국 시스템과 학교 현장을 찬찬히 들여다보면 쉽게 할 수 있는 말이 아니다.

부자들은 본래 부자들끼리 모여 모든 좋은 것을 독차지하고 그들만의 리그를 형성하고 싶어 한다. 한국의 교육세 일괄징수 제도와 고교평준화 정책이 이런 현상을 조금이나마 완화시킬 수 있는 장치다.

현재 한국은 박정희 대통령의 독재는 눈감아 주면서 좋은 교육정책은 무너뜨리고 있는 것 같아 안타깝다. 점점 고교평준화 정책이 무색해지고 있다. 한국의 외고, 국제중·고, 영재고, 과학고, 자사고는 한국형 트레킹 제도다. 미국 트레킹이 유색인종의 접근을 막는다면 한국 트레킹은 가난한 아이들의 접근을 합법적으로 막는다. 이런 학교가 존재하는 한 누구라도 자식을 특목중·특목고에 보내고 싶어 안달이 난다.

부잣집 아이들이 공부를 잘할 공산이 크고 공부를 잘하면 앞으로 중상류층이 되어 많은 것을 누릴 가능성이 높은데도 특목고라는 학교

시스템을 만들어 국민의 세금으로 부잣집 아이를 배려해야 할까?

평준화된 학교에서는 외국어와 과학을 잘 가르칠 방안이 없는 것일까? 정말 가난은 죄인 것일까?

리더의 교육과
노예의 교육

조카는 한국에서 초등학교를 졸업하고 2013년부터 미국에서 중학교를 다녔다. 한 학기를 마친 뒤에도 미국 학교는 이상하다고 했다. 수학시험에서 수학공식이 적힌 시험지를 받아 계산기를 사용해 시험을 쳤기 때문이다. 또 영어시간에는 미스터리 사건을 맡은 형사의 눈으로 바라보는 1인칭 관찰자 시점으로 짧은 탐정소설을 써야 했다.

"미국에서는 시험도 이상하게 치고, 수업시간에는 시험에 안 나오는
것만 배우고, 공부는 안 해요."

인간을 '노예'로 키우려는 교육적 시도가 있다면 기본적으로 교사와 학부모는 이를 거부할 것이다. 본질적으로 공교육은 다음 세대인 아이들을 공민으로 키우려는 의도를 가진다고들 하지만, 미국의 공립학교는 다문화 사회에서 살아갈 민주시민을 양성하는 것을 목표로 한다. 아이들은 창의적 리더가 되어 자신의 삶에서 주인이 되기를 요구받는다. 1인

칭 관찰자 시점을 가진 작품명과 그 작가를 외우는 것이 '노예'라면, 탐정소설을 쓰는 것이 '리더'라는 사회적 합의를 거친 것이다.

한국의 교육이 1인칭 관찰자 시점의 특징을 파악하고 해당 시점을 가진 작품명을 외우게 하는 것은 한국의 평가가 신뢰도와 객관성에 많은 가치를 두기 때문이다. 동북아시아는 관직에 인재를 등용하는 방식으로 과거시험제도를 활용했다. 업무특성과 개인의 업무추진 능력에 알맞게 배치한다기보다 시험성적으로 요직을 분배하는 과거제도를 객관적이고 합리적인 제도라고 여겼던 것이다. 생각해 보면 시험성적이 높은 사람은 시험준비를 많이 했거나 아무리 좋게 생각해도 공부를 잘하는 사람일 뿐 관직에 적합하다는 증거로는 부족하다. 어쩌면 공부를 잘하는 사람은 관직에 나아가기보다 학자가 되는 것이 좋을지 모른다.

이런 과거제도가 동북아시아의 문화로 자리 잡으면서 관직을 얻고 노른자위 요직을 차지하기 위해 교육열이 높아진 것이다. 뜨거운 교육열은 돼지저금통에 한 푼, 두 푼 동전을 넣어 채워나가는 은행 저금식 교육방식과 맞아떨어진다. 점수로 일렬로 줄 세우기 위해서는 정답이 딱 떨어지는 시험문제가 적합하고 토론이나 창의적 아이디어가 들어갈 자리가 없어지는 셈이다. 시험 출제자와 평가자는 논란의 여지가 없는 문제를 출제하여 신뢰도 시비에서 벗어나고자 한다.

한국에서 대학의 입학사정관으로 근무하던 2009년 한국대학교육협의회 주관 하에 당시 29개 대학의 입학사정관과 함께 미국 북동부 대학으로 연수를 떠난 적이 있다. 미국 대학의 입학사정관들은 한결같이 고교 성적, SAT 점수, 과외활동, AP 과목 이수 여부, 문화·인종적 배경 등 다양한 요소를 고려하여 학생을 평가한다고 입을 모았다.

당시 연수에 참가했던 한국의 입학사정관들은 점수 1, 2점 차이로 당락을 결정짓는 기존의 평가방식을 개선해야 한다는 데는 수긍했지만, 어떻게 고교 성적과 SAT 성적이 낮은 학생이 성적이 더 높은 학생을 제치고 선발될 수 있는지 의문스러워 했다. 그럴 경우 성적이 더 높지만 탈락한 학생과 학부모에게 어떻게 설명해야 하는지 궁금해 했다. 나 역시 성적은 그 많은 평가대상 중 한 요소만으로 여길 수 있을지 의심이 들었다.

그런데 이곳에서 아이를 학교에 보내며 그 의심이 조금씩 풀리고 있다. 학교 교사와 학부모도 성적을 그다지 중요하게 생각하지 않는다고 하면 아마 많은 한국 부모들은 믿지 않겠지만 과히 틀린 말도 아니다. 학교 교사와 학부모가 중요하게 생각해야 하는 것은 교육이지 성적이 아니다.

나름 눈치가 빠르고 친구를 잘 사귀는 조카가 미국 생활을 1년 남짓 넘기면서 한 말이다.

"미국 애들한테는 한국처럼 공부가 중요한 건 아닌 거 같아요. 친구들 사이에서도 운동을 잘하고 성격이 좋고 사회성이 좋아야 인정해주는 분위기에요. 심지어 공부를 너무 열심히 하면 오히려 아시아 멍청이Asian nerd라는 대접을 받아요. 공부는 하위 10~20% 안에만 안 들면 되지, 공부 열심히 하고 좋은 성적을 받는다고 아이들이 대단한

걸로 인정해 주질 않아요."

아들은 이웃에 사는 노마Norma라는 할머니에게 3년째 무료로 영어 과외를 받고 있다. 노마 할머니 선생님은 아시아계 가정은 자녀교육에서 아카데믹 분야만 너무 강조하는데 그러지 말라고 틈만 나면 나에게 조언해 주신다. 학교 다녀와서도 저녁에 또 학과 공부를 하는 것은 아이를 멍청하게 만들어서 심리적 왜곡을 겪을지도 모른다며 우려한다. 대신 운동과 독서를 강조한다.

"리처드아들의 영어 별칭 엄마, 왜 리처드에게 학교 운동팀에서 뛰게 안 해요?"

"제가 대학원 공부하면서 운동하는 아이 태우러 다니느라 2, 3시간 씩 보내는 게 힘들어서요."

"운동은 아이들에게 매우 중요해요. 난 리처드가 한국인이지만 훌륭한 어른으로 성장하기 바라요. 미국은 언제나 리처드 같은 시민에게 열린 사회예요. 운동을 시켜 미국 아이들과 어울리게 했으면 좋겠어요. 리처드 아빠도 골프를 치잖아요?"

"그야 아빠는 어른이니까 치는 거에요. 한국에서 중학생은 골프를 잘 안 해요."

"어른은 골프를 치는데 왜 아이는 안 돼요? 아이도 골프나 라크로스, 미식축구 같은 운동을 하면서 친구들과 어울려야 해요. 그래야 활달하고 멋있는 신사가 된다고 봐요. 책에서 배우는 공부는 언제든 할 수 있지만 사회성을 기르는 건 지금 해야 해요. 리처드 엄마도 적

아들이 중학교 미식축구팀에서 뛰기를 원해 가입했다.
아이들을 태우러 가야 하고 운동을 마칠 때까지 부모가 기다려야
한다. 30명 중 대부분이 백인이고 흑인이 2-3명, 라틴계 1명,
아시아계 1명(필자의 아들)으로 구성되어 있다.

지 않은 나이에 공부하잖아요. 책으로 하는 공부는 원하면 언제나 할 수 있어요."

나는 노마 할머니와 입씨름을 하다 포기했다. 이것은 개인적인 성향의 차이가 아니라, 문화 차이처럼 보였다. 이런 충고는 백인 주류 문화의 가치관을 보여준다. 결국, 할머니와 아들의 의견을 받아들여 아들은 학교 미식축구팀에 가입해서 뛰었다. 어느 사회에서나 공부는 중요하게 여긴다. 한국인은 공부가 시험점수라고 생각하지만, 미국인은 점수를 공부라고 생각하지 않는다.

조카에게 이곳의 시험이 어떻게 다르냐고 물어보았다.

"미국 학교에서는 선생님이 하라는 거 그냥 착실하게 따라가고 기본 개념만 알고 있으면 되는 것 같아요. 함정에 빠뜨리려고 일부러 꼬아 내는 문제가 없어요. 한국 시험문제는 기본 개념을 알아도 실수할 수 있는 함정이 곳곳에 도사리고 있어서 그 함정에 안 빠지고 실수하지 않기 위해 수도 없이 비슷한 문제를 풀고 또 풀어요. 긴장의 끈을 놓을 수 없어요. 문제도 꼬여 있고 사람도 속이 꼬인 거 같아요."

박사과정을 밟고 있는 미국 친구에게 정말로 고교 내신이나 SAT 성적이 대학 입학을 가늠하는 수많은 평가요소 중의 한 가지로만 반영되는지 물어보았다. 당연한 걸 왜 물어보느냐는 어투다.

"너는 미국에서 교육학으로 박사 공부를 하면서 그런 질문을 하면 어떻게 하니? 아직도 모르겠어? 성적은 그냥 숫자일 뿐이야."

"그건 네 생각 아니니? 보편적인 미국인의 생각이니?"

"보편적인 미국인의 생각은 잘 모르겠어. 백인이 주류이긴 하지만 미국은 다문화·다인종 국가여서 보편적인 미국인이 있는지도 잘 모르겠어. 그렇지만 숫자만으로 학생을 평가할 수 없다는 건 내 생각이고, 우리 부모님의 생각이고, 내 친구들의 생각이야. 성적은 숫자야. 중국이나 한국에서 온 사람들은 참 숫자를 좋아하는 것 같아. 아마 어떤 대학이 숫자를 대단하게 생각한다면 입학 브로셔에 그렇게 써 놓겠지."

"한국에서도 우리 대학은 글로벌 시대에 적합한 통합형 인재를 원한다고 그런 식으로 입학 브로셔에 문구를 적어두지. 그래도 결국 독서항목 몇 점, 자기소개서 작성 몇 점, 봉사활동 몇 점 이런 식으로 평가를 하거든."

"한국은 입학사정관 전형도 점수로 해? 참 숫자 좋아하네. 숫자를 좋아하면 높은 숫자를 받기 위해 학교 교과과정이 왜곡되잖아. 너도 알잖아. 그런데도 숫자를 좋아한다고?"

한국에서는 고등학교 3학년이 되면 체육이나 기타 과목은 모두 자습을 위해 양보하는 교과가 되곤 한다. 학교에서 교과과정이 왜곡되고 있고 아이들은 사회에 나오기도 전에 높은 숫자를 받기 위해서 정규교과는 이행하지 않아도 된다는 것을 "학교"에서 배운다. 기말고사를 치고 나면 방학까지 2, 3주가 남아 있는데도 학교는 거의 파장 분위기로 흘러간다. 한국에서는 학교폭력과 교권침해가 난무하고 아이들은 점차 자라면서 아침부터 밤까지 공부만 하는 기계가 될 것을 강요받는다. 다들 개

탄의 목소리는 높이면서도 '우리 집 아이'가 경쟁에서 밀릴까봐 들들 볶기를 멈추지 않는다. 잘못인 줄 알면서도 왜 바꾸지 않는 것일까?

왜냐면 그것이 한국 사회에서 보통 사람들이 할 수 있는 최선이기 때문이다. 기본적으로 교육은 그 사회의 자본주의를 반영한다. 노동자는 아침에 출근해서 긴 노동과 짧은 휴식을 반복하다 점심을 먹고 다시 노동과 휴식을 반복하다가 퇴근한다. 이런 패턴을 아이들은 어려서부터 학교에서 배운다. 미친 듯이 일하고 승진해서 임원이 되는 것처럼, 아이들은 중간고사와 기말고사를 치다가 상급학교로 진학한다. 임원이 되지 못하는 것은 일류 대학이나 의대에 낙방하는 것과 흡사하다.

한국의 교육이 '노예'의 교육인 것은 한국의 파워리더가 원하는 인재상이 노예이기 때문이다. 출근시간은 있으나 퇴근시간을 알 수 없는 근무조건에 익숙해지기 위해서 아침 일찍 등교하고 밤늦도록 공부하며 몸에 익힌다. 라면이 상무님 입맛에 맞지 않으면 무릎 꿇고 비는 승무원, 상사가 퇴근하지 않으면 퇴근하지 못하는 부하직원, 원장님이 지시하면 댓글을 다는 노예를 필요로 할 뿐이다.

자기 삶의 주인이 되고자 하는 창의적 아이는 한국 사회에서 취업을 못하거나 승진에서 누락될 것이다. 조직문화에 적응하지 못하는 문제 있는 사람으로 찍히거나 이기적인 사람으로 오인받을 가능성이 높다. 재벌 2세와 권력자 자녀가 보습학원에 다니고 그룹 과외를 받으며 밤늦도록 노예가 될 준비를 한다는 이야기는 듣지 못했다. 갑을사회를 지탱하기 위해 '을' 노릇 잘하는 인재만 원하니 어찌하랴. 들들 볶을밖에.

교육 캠프에 왜 갈까

미국에서 아이들을 키우면서 가장 고민되는 것은 아무래도 언어문제다. 영어는 생각만큼 늘지 않는데 한국어는 빛의 속도로 잊어버린다. 체험도 하고 미국 친구들과 어울리면서 영어도 배웠으면 하고 캠프나 방과후활동에 보내곤 한다.

미국에서도 영어를 배우는 것은 그리 쉽지 않다. 1, 2년씩 미국에 아이를 데려와서 공부시키는 안식년 교수들은 대부분 아이에게 영어 과외를 붙인다. 시간당 20-30달러 정도하는 영어 과외를 보통 일주일에 2-3일, 심하면 6일씩 시킨다. 그러나 우리 아이는 점심도 무료급식을 신청하는 마당에 개인 과외는 엄두가 나지 않았다. 드라마 캠프, 아트 캠프, 고고학 캠프, 박물관 과학 캠프 등 좋은 프로그램도 많지만 일주일에 120-400달러에 육박하는 비용 때문에 항상 망설여졌다.

교육 캠프는 엄마가 마련하는 프로그램과는 또 다른 장점이 있기 때문에 가끔은 보내고 싶었다. 엄마나 학교 교사와는 다른 관점을 지닌 어른과 접촉해 보는 것도 필요하다. 캠프 비용이 비싸서 걱정하던 차에 인터넷을 뒤져 무료로 진행되는 '영 마리너스Young Mariners'라는 해병대 프로그램을 발견했다. 매주 토요일마다 퇴역한 해병대원이 교관이 되어 어린 아이들에게 정신훈련과 실전을 통해 극기와 애국심을 가르친다는 것이다. 교관 아저씨나 또래 아이들과 어울리며 주말 오전에 영어를 배우면 좋겠다 싶은 마음이 들었다.

문제는 누가 겁을 준 것도 아닌데 어른이 되면 한국 군대에 가야 한다는 사실에 항상 겁에 질려 있는 아들이었다. 무서워서 싫다고 하면 공짜라도 포기해야겠다 싶어 물었더니 좋아라하면서 가겠단다. 미국인데 설마 가혹행위나 아동학대가 있겠냐고 했다. 이곳에서 산 지 몇 해되지도 않은 아이가 미국 사회를 이렇게 신뢰한다는 것이 내 심기를 불편하게 했다.

지원서를 신청하려고 보니 달리기와 수영 등을 해낼 수 있다는 의사의 신체검사서를 같이 제출하라고 했다. 게다가 사고에 대비해서 우리 아이가 가진 의료보험의 종류를 자세히 기입하고 그 보험사가 처리할 수 있는 지역병원을 확인했다. 응급 시 연락할 수 있는 내 연락처뿐만 아니라, 한국의 연락처까지 요청했다.

이 무슨 호들갑인가 싶어 교민분들에게 연락을 해보았다. 돈을 내고 테니스 레슨을 받을 때도 신체검사서와 의료보험은 항상 체크한다는 것이다. 보기엔 멀쩡하다고 맡았다가 보이지 않는 질환으로 학생에게 문제가 생기면 해당 프로그램에서 책임을 져야 하기 때문이란다. 미성년을 대상으로 하는 프로그램은 아동보호를 위해 엄격한 기준을 지켜야 하고 신체검사와 의료관련 사항을 사전에 확인하여 사고의 위험을 줄이는 것이다.

해병대 프로그램이 무료라서 지원한다고 했더니, 미국에서 군대는 본래 대학 등록금이나 의료 혜택 혹은 시민권 취득 등의 목적으로 간다고 한다. 군대체험 프로그램은 보훈단체에서 무료로 하는 것이지 누가 돈

내고 생고생을 하겠냐는 것이다. 미국인들은 삶의 목적이 극기와 인내가 아니라, '행복'해지는 것이라고 생각하기 때문이다.

2013년 한국에서는 사설 해병대 캠프에 참가했던 학생들이 사고로 사망하는 사건이 일어났다. 고된 군사훈련을 통해 도대체 무엇을 배우고 싶었던 것일까? 예고된 참사가 많다는 것을 알면서도 왜 한국의 학부모는 사랑하는 자식에게 '귀신 잡는' 위험한 해병대 캠프에 보내는 것일까? 어른이 되면 당연히 군대에 가야 하는 한국에서 학창시절 돈을 지불해 가며 해병대 체험을 왜 하는 걸까 문득 궁금했다. 이것도 선행학습 개념일까? 문화 차이에 일순간 어리둥절해졌다.

평일에는 학교를 가지만 주말과 방학 때는 교육 프로그램에 보내거나 우리 아이만의 프로그램을 개발해야만 했다. 아이가 새로운 자극에 노출되어 인지적으로 정서적으로 그리고 언어적으로 성장하기 위해서는 좋은 교육 프로그램이 필요하다고 판단했다.

플로리다 대학의 자연사 박물관이 자주 가는 곳 중의 하나다. 하루이틀 만에 박물관을 다 둘러본다는 생각보다 한 섹션씩 둘러보고 나중에 아이에게 영어와 한국어로 발표를 시켰다. 동영상으로 촬영하면 아이는 멋있게 보이기 위해 최선을 다해 준비를 했다. 이를 한국에 있는 아이 아빠에게 보내주기도 했다. 때로는 자연사 박물관 건축물이 어떻게 지어졌고 어떻게 인테리어를 해서 관람객의 흥미를 유발할 수 있는지를 나름대로 분석하라고 과제를 내주었다. 한 장소를 1, 2시간 정도 둘러보다 보면 여러 관점으로 보는 눈이 길러진다. 편하게 둘러보는 식으로 관람할 때도 있지만 때로는 과제중심 교육방식으로 관람을 유도했다.

공공도서관과 자연사 박물관만으로는 아이가 지겨워 할 수 있기 때문에 Fun 4 Gator와 Visit Gainesville이라는 웹사이트*에 들어가서 매주 이벤트를 체크하고 내가 직접 다음 주 교육 프로그램을 계획했다. 대학 부설 교육센터에서 연구원으로 근무하면서 프로그램 계발을 담당했기 때문에 조금은 수월하게 할 수 있었다.

나비 축제, 박쥐 박물관 축제, 미국 개척기 시대 축제, 중세 호그타운 축제, 서커스 관람, 저글링 배우기, 프랑스 요리 배우기, UF 목장 견학, 수의대학 오픈 하우스, 요트 서핑 박람회, 자동차 쇼, 이란 문화 축제, 중국 설날 공연, 실내 암벽등반, 야구경기 관람, 농구경기 관람, 블루베리 따기 체험, 영화관람, 천체 관측, 카약·카누 타기, 미술작품 박람회, 숲 체험전, 아이스크림 소셜 파티, 동물원 관람 등 부지런히 찾아다녔다. 돈은 덜 들되 문화와 영어를 배우는 데 도움이 되는 것이라면 정말 미친 듯이 찾아다녔다. 아이는 계속 자라고 나는 돈을 벌 수 없는 처지니 발품을 팔고 머리를 써서 그간 교육학에서 배운 대로 아이의 인지적 능력을 최대한 길러주고 싶었다.

||||||||||||||
*   Fun 4 Gator의 이벤트 사이트: http://fun4gatorkids.com/
        Visit Gainesville의 이벤트 사이트: http://www.visitgainesville.com/calendar/

1. 글씨가 작은 박물관의 팸플릿은 읽기 싫어하고 건너뛰기 일쑤다.

2. 플로리다 대학의 자연사 박물관에서는 해설사에게
카드를 한 장씩 설명해 달라고 하면 이해하기도 쉽고
영어로 대화할 수 있는 좋은 기회도 된다.

3. 아들에게 어떤 주제를 주면 그 과제를 해결하기 위해
장식물이나 교구를 꼼꼼하게 훑어본다.
초등학교 때 관람객이 되어 자주 놀던 곳이지만,
과제에 맞는 전문가의 입장이 되면 다른 시각으로 분석하게 된다.

1. 해리포터 시리즈 영어판과 한국어판을 전질로 다 읽고 유니버설
스튜디오에 있는 해리포터 마을에 갔다. 기차, 마술 지팡이,
장신구까지 하나하나 제대로 이해할 수 있어서 좋았다고 한다.
책에 나왔던 버터맥주 가게 등을 실제로 보며 상상했던 것과
비교하는 재미도 있다.

2. 나비 축제에서는 애벌레와 곤충들을 직접 보고 만질 수 있다.
관련 지식도 배우고 영어로 의사소통하는 기량을 높이기 위해
항상 자원봉사자에게 궁금한 점을 물어보게 했다.

1. '비바 유럽' 기획전에서 체코 음식을 맛보고 있는 조카.
   그 많은 체코 음식 중에서 왜 그것을 준비했는지
   체코 프로그램 코디네이터에게 물어보고
   다른 유럽 국가의 음식과 비교해보게 했다.

2. 모닝사이드 네이처 센터에서 아들이 가죽 수공예품을
   만드는 법을 배우고 있다.

아이와 함께 가더라도 내가 구석에서 부족한 잠을 자거나 대학원 리딩 숙제를 하고 있으면 그 많은 볼거리에도 불구하고 아이들은 무엇부터 보아야 할지 갈피를 못잡고 시큰둥하니 되돌아오곤 했다. 그래서 열심히 설명해 주고 맥락을 집어주거나 관점을 달리해서 생각할 거리를 제시해 주어야 했다. 아이를 공부시킨다는 구실 덕분에 나 역시 다양한 경험을 많이 했다.

"엄마, 이번 주 프로그램은 뭐야?"

"이모, 내일은 뭐 배워요?"

두 해가 넘어가면서 아이들은 당연한 듯이 물으며 나를 말똥말똥 쳐다본다.

"……"

학교에서 가방 가져오지 말래요

등교준비를 하던 아들 녀석들이 뭔가로 시끄러웠다. 이 물건, 저 물건을 챙길까말까 넣었다 뺐다 야단이다. 책가방에 있던 학용품이며 공책을 죄다 꺼내놓고 부산을 떠는 모양새가 여느 날과 달랐다.

"스쿨버스 올 시간이 다 됐는데 뭘 찾느라 바쁜 아침에 그러고 있니?"

담임선생님이 방학하는 날까지 학교에 가방을 가져오지 말라고 했단다. 아이들 영어가 서툴러 선생님 말씀을 잘못 이해한 것으로 여겼다. 뭔가 착오가 있으리라 생각하고 가방을 들려 학교에 보냈다. 학교에서 책가방에 관련된 공지사항을 전화나 문서로 받은 것이 없어서 더욱 확신을 한 터였다.

학교에서 돌아온 녀석들이 현관에 들어서자마자 원망을 쏟아내기 시작했다.

"엄마 때문에 조례시간에 담임선생님한테 책가방 **뺏겼잖아요.**"

학교에 등교하는 학생들에게 가방을 못 가져오게 하다니 도저히 이해가 되지 않았다. 다만 속이 비치는 비닐 속에 개인물품을 가져오는 것은 허용한다는 것이다. 외국인 신분으로 미국에 살다보니 매사에 조심하는 편인데다 학교에게서 차별을 당하지 않으려면 최선을 다해 학교의 규칙을 지켜야 한다는 생각이 몸에 배어 있는지라 다음 날은 스쿨버스를 태우지 않고 아이들을 차에 태우고 학교에 직접 찾아가 보았다.

학교에 도착해 보니 아이들이 비닐봉지를 들고 오거나 호주머니에 필기구를 넣어 불룩했다. 교무실에 가서 어떻게 된 영문인지 물어보았더니 플로리다 주 알라추아 카운티 교육청에서 중·고등학생에게 기말고사 후 방학 때까지 약 3일간을 가방 없이 등교하는 방침을 정했고, 카운티에 소속된 공립 중·고등학교는 모두 그 지침을 따라야 한다는 것이었다.

미국의 경우, 6월에 한 학년이 끝나는데 기말시험이 끝나면 졸업을 앞둔 아이들이 학교 벽에 스프레이를 뿌리거나 생크림이나 밀가루를 가져와 교사와 급우에게 짓궂은 장난을 치기도 한다. 게다가 하급생들도 스프레이, 생크림, 밀가루 등을 가방에 넣어와 학교를 엉망으로 만들곤 한다. 그렇다고 가방을 검사하는 것은 학생인권을 침해하기 때문에 함부로 할 수가 없다. 그래서 속이 비치는 비닐봉지나 호주머니에 간단한 필기구와 휴대폰만 가지고 등교하도록 조치한 것이다.

들고 보니 이해할 만했지만, 우리처럼 문화와 언어가 다른 외국인 가족들은 혼란을 겪을 수 있는 문제인데 미리 알려주지 않아 아쉬웠다. 그래서 영어가 서툴면 학교에서 문제아가 될 수도 있으니 가정통신문을 보내달라고 부탁드렸다. 교감선생님은 세심하지 못한 부분을 사과하며 일단락되었다.

미국에서 졸업생들이 학교에서 장난을 친다는 이야기도 한국의 아이들과 비슷해서 나름 재미있다. 책가방 대신 투명비닐에 소지품을 가지고 등교하도록 한 교육청의 고육지책도 이해할 만하다. 수시로 소지품과 속옷검사를 해대던 80년대 학창시절이 문득 떠오른다. 나 역시 여자고등학교에 재직하던 시절 여학생들이 반짝이는 보석 머리핀을 머리에 꽂고 있으면 압수하곤 했다. 교칙에 위반된다는 것이 그 이유였는데 요즘 생각하면 실소가 나온다. 논란이 되고 있긴 하지만, 한창 학생인권조례가 제정되고 있으니 교사와 학생이 죄수와 간수의 관계에서 벗어나기를 바란다.

어설픈 상담은 이제 그만

한국 문화에 익숙한 학부모라면 미국 학교에서 가끔 어리둥절할 때가 있다. 한국에선 아이가 아파서 결석을 해야 하거나 수업을 잘 따라가고 있는지 알고 싶을 땐 담임선생님과 통화를 한다. 아이가 학교에서 말썽을 일으켰을 때도 담임선생님의 연락을 받고, 대학 진학을 앞두고도 담임선생님과 상담한다. 그래서 한국의 담임선생님은 만물박사 같지만 때로는 업무부담이 커져서 전문적으로 처리하지 못할 수도 있다.

미국 학교의 상담 시스템은 이런 우리나라 학교와는 사뭇 다르다. 처음엔 한국에서 하던 대로 담임선생님을 찾았지만 이제는 의논할 문제에 따라 만나야 할 교사가 다르다는 사실을 알게 됐다. 지각이나 결석을 해야 할 경우에는 학교 행정실의 '출결' 담당자에게 연락해야 한다. 아이가 수업을 잘 따라가고 있는지 알고 싶다면 초등학생은 담임선생님에게 연락하면 된다. 그러나 중·고생은 담임선생님보다는 해당 교과목 교사와 상의하는 것이 좋다. 한국처럼 담임선생님을 거치지 않고 바로 상담을 요청한다고 해서 담임선생님이 자신을 무시했다고 생각하지 않는다.

수업 스케줄을 변경하기 위해서는 교과과정 교사와 상담해야 하고, 학교적응을 위해 조언이 필요할 땐 학교에 배치된 상담전문가와 만나야 한다. 학습장애 등이 있다면 특수교사와 상담하고, 영재교육 대상자의 심리발달을 위해서는 학교심리학자, 영재교육 담당자와 팀을 짜서 상담한다. 성취도에 따른 수준별 반편성을 위해서는 교과과정 교사와 상담하고 진학을 위해서는 진로 담당교사와 학교생활기록부를 분석하며 상담한다. 아이가 잘못해 가벼운 문제를 일으켰다면 교감이나 학생주임에 해당하는 BRT교사Behavior Resource Teacher와 의논하고, 유리창을 깨거나 다른 학생을 위협하는 등 심각한 문제나 범죄행동에 대해서는 학교에 배치된 교정전문가나 경찰관이 직접 공권력을 행사한다.

이렇다 보니 한국에서는 상담을 너무 쉽게 생각하는 게 아닌가 하는 생각이 들었다. 담임선생님 한 명이 맡은 수업을 하면서 틈틈이 심리상담, 교과상담, 생활지도, 문제행동 상담, 진로상담, 인지발달 상담 등 다양한 영역의 상담을 맡고 있는 실정이다. 제자를 아끼는 마음으로 친절하게 학부모와 이야기를 나누는 것이 상담이라고 생각하면 곤란하다. 상담은 그리 간단한 영역이 아니다. 담임선생님이 교육자이긴 하지만, 각 영역에서 전문적인 훈련을 받고 지식을 갖춘 상담 전문가는 아니다. 비전문가와 수다 떨듯 1~2시간씩 얘기하는 것이 효율적일 리가 없다. 어설프게 상담에 접근하다가는 자칫 담임선생님의 업무만 가중되고 교권이 추락할 수도 있다.

학생 상담은 다양한 전문영역으로 세분화돼 전문 인력이 배치될 필요가 있다. 사실 미국의 경우, 평교사에 비하면 학교도서관 사서, 상담교사, 교육청에 소속된 학교심리학자와 독서 전문가, 학생부장에 해당하는 Student Affair Dean이 연봉도 많고 사회적 지위도 더 높다. 평교사는 거의 수업만 담당하고 상담, 심리검사, 영재검사, 특수아동 판정,

독서자료 개발, 수업장학지도, 훈육 등은 석박사 학위를 가진 전문가에게 맡긴다. 일과 및 시간표 정리, 출결 정리, 성적과 행정처리는 행정전문가에게 맡긴다.

한국의 교사들은 미국의 교사들보다 더 잘 가르치고 월급도 더 많고 업무도 더 많다. 그래서 다양한 상담도 담임선생님이라는 창구를 통해 이뤄지고 있다. 수업과 평가 이외의 업무는 분리시켜 교사의 교육 전문성을 기르자는 주장에는 한국 교사들이 반가워할 것이다.

한국의 담임 교사들이 교과 수업과 평가 이외의 업무에 해당영역 전문가보다 더 전문적인지 솔직히 의문스럽다. 그러니 행정과 상담업무를 전문가에게 맡기는 대신 그 만큼 교사의 월급을 줄이자고 한다면 아마 꺼릴 것 같다.

황인 소년의 사랑과 명예

중학생 아들이 한 미국 여자아이를 좋아한다. 아들이 여자 친구가 있냐고 미국인 친구가 묻자 아직은 레고와 풋볼에만 신경 쓴다고 답한 직후였다. 아이 아빠는 '동양 남자는 백인 여자애한테 차이기 십상이니 신경 끊고 공부에 전념하라'며 조언하기도 했다.

저녁을 먹다 조카가 서운하다고 말을 꺼냈다.

"너 메이시한테 고백했다면서? 비겁하게 나한테 말도 안하고 나도 소문 듣고 알았어."

"인스타그램 다이렉트 메시지로 고백했어."

SNS로 사랑고백을 하다니 신세대는 다르구나 싶다. 아들은 영어도 잘하고 영리하고 당돌하고 뻔뻔스러운 편이다. 주로 우수반에 있는 백인 아이들과 어울리는데, 어느 날 친구들이 "너는 운동도 잘하고 똑똑해서 인기도 있는데 왜 여자 친구 안 사귀니? 제니황인나 로렌중국계은 어때?"라며 자기를 무시했단다.

"친구들은 내가 황인이니까 황인 여자친구를 사귀어야 한다고 생각해요. 나는 백인 여자애랑 사귀고 싶지 제니나 로렌은 별로야."

그 당돌한 녀석이 인종적인 이유로 황인 여자 친구를 사귀라는 말에 발끈했을 것이다. 그러다 녀석을 더 불 지른 것은 데이비드라는 한국계 교민 아이 때문이었다.

"황인 남자는 백인이든 흑인이든 미국 여자애들한테 인기 없어. 그러니까 여자 사귈 생각은 접고 그냥 아시아 남성의 명예를 지켜야 해!"

주위 어느 누구도 황인 소년을 격려하지 못했다. 아빠도, 교민 친구도, 조카까지 딱지 맞을 것이 뻔하다고 만류한 것이다. 오기가 난 녀석이 메이시에게 과감하게 고백했다. 메이시는 좋다 싫다 말없이 생글거리고만 있고 아들은 속이 탔다.

이 웃지 못할 일화를 그냥 넘길 수가 없다. 인종적 편견이 어린 아이들 사이에 활개를 친다. 왜 백인 아이들은 황인끼리 사귀라고 단정 짓는 것일까? 아들은 왜 황인은 싫고 백인 여자애랑 사귀고 싶어 할까? 조카 아이는 아예 여자를 사귈 생각도 안 한다. 영주권자인 데이비드는 아시아 남성의 명예를 지켜 열심히 공부해서 성공하면 한국 아나운서나 연예인과 결혼하는 꿈을 꾼다.

아시아인에 대한 몇 가지 고정관념이 있다. 아시아인은 착실하지만 아시아 남성은 매력 없다는 것이다. 백인 우월주의에 물든 녀석들의 해프닝은 사실 이 세계의 축소판이다.

"엄마, 메이시가 아시아 남자랑 사귀려고 할까?"

이 문화·인종적 편견에 황인 엄마는 까무러치게 놀랄 뿐, 아들의 질문에 마땅한 답을 주지 못했다. 그 대답은 스스로 찾아야 한다. 대신 나는 다른 질문을 던졌다.

"차별을 당해본 사람은 차별에 저항하고 정의를 실천하려고 노력하기도 하고, 차별 피라미드의 꼭대기에 올라가려고 남의 상처를 후벼 파기도 해. 넌 어떤 사람일까?"

작년 카운티 보건소에 갔을 때, 아이들이 성생활을 시작하기 전 13세를 전후해서 가다실 자궁암 예방접종을 맞히라고 의사가 충고해 주었다. 한국에서는 가격이 비싼 편인 이 주사를 여자들이 맞는다. 그러나 자궁암을 일으키는 바이러스를 옮기지 않도록 미국은 남녀학생 모두에게 권한다. 예방접종을 받지 않아도 남자는 자궁암에 걸리지 않지만, 성생활을 통해 한 여성의 바이러스를 다른 여성에게 옮길 수 있기 때문이다. 이곳에서는 비용이 무료다. 아이는 부모가 생각하는 것보다 훨씬 웃자란다. 곧 보건소에 들러야 할 것 같다.

한국인이니?
아시아인이니?

아들이 5학년 때의 일이었다. 학교에서 돌아오자마자 스쿨버스에서 있었던 일을 이야기하며 눈물을 글썽였다. 한 아이가 아들을 '퍼킹 차이니즈'라며 욕을 했다는 것이다.

"그런 나쁜 말을 하다니 그 아이가 나빴구나."

"그렇지 엄마. 난 '차이니즈'라는 말을 들으면 너무 기분이 나빠. 그래서 내가 '난 코리안이야'하고 고함을 질렀어."

아들은 '퍼킹' 때문이 아니라, '중국인'이라는 말 때문에 화가 났다는 이야기에 어이가 없어서 웃고 말았다. 아이가 중국인을 무시하는 모습을 보면서 내가 아무 생각 없이 내뱉은 말 속에서 중국인을 무시했나 싶어 스스로 반성하게 되었다.

"그런데 걔가 '코리안이 뭐야?'하고 진지하게 묻는 거 있지. 걔가 코리아를 모르니까 할 말이 없었어."

그랬던 아이가 중학생이 되었다. 희한하게도 미국 땅에서 누구도 대놓고 인종차별을 하지 않는데 우리는 인종차별을 느낀다. 저녁을 먹으면서 아들이 말을 꺼냈다.

"오늘 매튜가 나더러 아시아인이냐고 물어보길래 그렇다고 했더니, '그런데 너 지난번에 왜 코리안이라고 했어?'하고 묻는거야. 참 미치겠어."

그러자 조카가 이어서 말을 꺼냈다.

"나도 그 질문 열 번도 넘게 받았어. 처음에는 걔들이 바보인 줄 알았다니까. 미국 애들 중에는 한국이 아시아에 있는 줄도 모르고 우리처럼 생기면 다 중국인이라고 생각하는 애들도 많아. 그 질문 받을 때마다 황당하고 기분 나빠 죽겠어."

두 녀석이 같은 학교 같은 학년에 다니는데다 성姓도 같고 아시아 학생이 드물다 보니 쌍둥이냐고 묻는 경우도 많고 구별을 못해 엉뚱한 아이들이 아는 체를 할 때도 잦았다. 우리가 서양인 배우가 나오는 영화를 보면서 누가 누군지 잘 구별하지 못하는 것처럼 미국인들도 인종이 달라서인지 아시아인들을 잘 구별하지 못한다.

큰 아이는 나름 한국이 어디에 있는지 알려줄 수 있는 기회를 노렸다고 했다. 어느 날 사회시간에 미국 시민권에 대해서 배웠는데, 속지주의와 속인주의를 다루었다고 했다. 미국은 이 두 가지 모두를 채택하고 있어서 미국 영토에서 태어나거나 미국인을 부모로 둔 아이들 모두에게 시민권을 부여하고 있다. 교사는 한 가지만 채택하는 나라들도 있다고 설명하면서 한국은 어떤지 물었다.

조카 아이는 앞에 나가서 코리아는 속인주의를 따르고 있다는 설명을 곁들이면서 지도에서 손가락으로 한국을 짚어보였다. 내심 이제는 더 이상 한국인이니? 아시아인이니? 하는 질문을 안 받겠구나 기대했단다. 그런데 아이들은 코리아가 너무 작아서 놀랐다는 반응이 대부분이었다고 했다.

"아니, 코리아가 저렇게 작은 나라였니? 그런데 미국에 코리안은 왜 그렇게 많아?"

"혹시 니네 나라 전쟁이 나서 미국으로 왔니?"

"넌 북한에서 왔니, 남한에서 왔니?"

"너 혹시 북한 김정은 본 적 있니?"

이런 질문이 쏟아졌다고 했다.

이래저래 아이들은 상처입고 아물기를 반복한다.

저녁을 다 먹을 즈음에는 어떻게 아이들을 달래줄까 고민이 되었다. 한국에서 가져온 사회과부도를 가져오라고 했다.

"친구들이 코리아가 아시아에 있다는 걸 모르니까 속상하지? 그럼 우리는 중국, 인도 같이 큰 나라 말고 작은 나라를 잘 알고 있을까? 그런 작은 나라에서 온 사람들이 늘고 있으니까 찾아보자."

우리 가족은 지도에서 코스타리카, 온두라스, 바하마, 니카라과를 찾아보았다.

"아 참, 리와시가 네팔에서 왔으니까 네팔도 찾아봐."

다섯번째 이야기

다문화 · 다인종 사회를
향한 교육환경

이번에는 불법체류 아동에 대한 미국의 교육방침, 교사의 사회적 지위, 노벨상을 많이 수상하는 유태인 교육 등 일반적인 교육과 대학교육에 대한 이야기를 해볼까 한다.

 이곳에 온 뒤로 생계를 위해 글을 쓰기 시작했다. 신문사에서 주제를 정해서 청탁해 오는 경우도 있고, 시사적인 문제와 관련한 의견을 개진한 경우도 있다. 노벨상 시즌이 되면 쏟아져 나오는 유태인 예찬, 부산 동아대학교 문대성 교수의 표절논란, 국립대학 기성회비 등 다양하다.

 시사문제를 다루면서 한국과 미국의 교육기관이 각각 어떻게 대처하는지 비교해보고는 스스로도 느낀 점이 많았다. 미국이란 사회를 모델로 삼아 반드시 한국이 미국처럼 변화해야 한다고는 보지 않지만, 비교는 때때로 시야를 넓혀주고 색다른 관점을 제시해 주기 때문에 여전히 효과적인 도구가 된다. 교육에 대한 사회적·철학적 관점에서 배울 점이 있다면 한국 사회가 이를 받아들여 변화하는 계기가 되길 바라는 마음이다.

플로리다 대학의 도서관. 컴퓨터를 사용할 수 있도록
안내 데스크 앞에 공용 컴퓨터가 설치되어 있다.
가장 앞쪽에 낮게 설치된 컴퓨터는 휠체어를 탄 장애인용이다.

불법이민자 자녀지만 학교 다니는 데는 문제 없어요

미국이란 나라가 대단하긴 대단한 모양이다. 전파를 타고 실시간 전해지는 인종문제, 총기사건, 테러 등 크고 작은 사건사고로 적잖이 충격을 받을 텐데도 한국에 있는 친구나 지인들에게서 듣는 이야기는 주로두 가지다. 아이들을 미국에서 공부시킬 수 있어 좋겠다는 반응이 가장 많고, 그 다음으로는 자기 아이도 미국에서 공부시킬 수 있으면 좋겠다는 것이다.

아이에게 미국 교육을 경험시켜주기 전에 신중하게 판단해서 결정해야 한다. 영어로 의사소통이 힘들고 문화·인종적 차이로 인해 자존감이 떨어지기 십상이기 때문이다. 미국에서는 학과 공부에 대한 부담이적기 때문에 쉽게 우수한 성적을 거둘 수 있다는 널리 알려진 통념과달리, 학교 성적이 최소한 2년은 하위권을 맴도는데 이때의 학습결손이대학을 졸업할 때까지 만회하기 힘든 경우도 많다. 한국의 언론이나 미국 유학 성공사례나 가이드북에 실린 이야기는 그야말로 성공담이기 때문에 곧이곧대로 믿지 않는 것이 좋다.

아이가 성적이 좋지 않다고 주변 사람들에게 그런 사실을 공개하지않는다. 좋은 성적을 받았더라도 알고 보면 수준이 낮은 반에서 A를 받은 경우가 많다. 한국에서 막연하게 들리는 소문에만 의지하지 않는 것이 좋다. 영어 능력도 아이가 초등학생일 경우 아직 어리니까 1, 2년 만에 충분히 원어민 수준으로 따라 잡을 수 있을 것이라는 예상과 달리, 그리 쉽게 늘지 않는다. 그러는 사이 한국말은 더듬거리게 되고 편지 한 장 쓰지 못할 정도로 형편 없어져버린다. 인종적 열등감과 문화적 차이 등으로 학교에서 외톨이가 될 수도 있다. 물론 경제적 이유도 한몫 한다. 그런데도 굳이 오려는 이들을 위해 비자와 학교 등록에 관한 정보를 주고자 한다.

영주권자, 안식년 교수, 상사주재원 등 부모가 합법적인 미국 비자를 받았다면 아이들은 공립학교에서 무상교육을 받을 수 있다. 나도 박사 과정으로 입학이 허가되어 학생 비자인 F-1비자를 받았고 나의 가족들은 F-2비자를 합법적으로 받아 아이들이 무상교육을 받을 수 있었다.

처음 1년간 친하게 지내던 한 엄마는 초등학생 아이 둘을 미국에서 공부시키고 싶어 자신이 플로리다 대학 어학연수 과정에 등록했다. 연간 500-1,000만 원 정도의 어학연수 비용으로 자신이 학생 비자 신분을 유지하고, 초등학생 아이 둘을 무상으로 교육시키는 것이 가장 경제적이라고 판단했다고 한다.

비자는 자신이 어학연수 과정에 등록하여 왜 영어를 배워야 하는지를 정확히 설명해야 발급받을 수 있다. 이 엄마는 자신의 남편이 무역업에 종사하는데 영어를 배워 자기도 남편과 같이 사업체를 꾸리고 싶다는 의사를 분명히 밝혔고 영사로부터 학생 비자를 받았다. 남편은 한국에서 사업체를 운영하고 자신은 초등학생 아이 둘을 데려와 2년간 열심히 뒷바라지 했고 자신도 어학과정에서 풀타임 학생으로 영어공부를 했다. 한국으로 귀국하여 30대 후반의 나이로 한국에 있는 외국계 회사에 취업해 국제 파트에서 일하게 되었으니 귀감이 될 만하다.

그러나 자신이 어학연수 과정에 입학허가서를 받았기 때문에 합법적으로 미국 비자를 발급받는 데 아무런 문제가 없다고 생각했지만 거절당한 운이 없는 경우도 있다.

"이 서류를 검토해 보니, 당신은 2년제 대학community college에 개설된 어학연수 과정에 등록하고 초등학생 아이 두 명을 데리고 가려고 했다. 정황상 당신이 영어공부를 하려는 목적보다 자녀의 공부를 위한 의도가 큰 것 같다. 이는 미국 경제에 부담을 주는 것으로 판단하고 비자 발급을 거부한다."

비자를 거부한 영사의 설명이었다.

영사와 인터뷰를 할 때 자신이 어학연수 과정에서 공부해야 하는 필요성을 적극 설명하지 못한 경우다. 자신이 비자를 신청할 때 아이 두 명의 동반자 비자 서류까지 같이 넣었으니 문제가 커진 탓도 있을 것이다. 자신의 미국 비자를 먼저 신청하여 비자를 발급받고 난 이후, 2차로 아이들 동반비자 서류를 넣었다면 결과가 달라졌을 수도 있다. 하여튼, 엄마의 어학과정을 통해 아이를 유학시키려던 계획이 틀어진 그 가정은 아이를 플로리다의 한 사립학교에 보냈다. 연간 학비가 15,000달러, 홈스테이 비용으로 연간 15,000달러, 책값 및 용돈 기타비용으로 연간 10,000달러 및 방학 중에는 홈스테이를 할 수 없기 때문에 귀국 및 여행 경비로 최소 4,000달러가 든다.

부모가 비자가 없어 아이가 학생 비자를 받게 되면 학비가 비싼 사립 학교에 다녀야 한다. 그러니 경제적 부담이 더 커지게 된다. 이것이 흔히 말하는 조기유학이다. 그러나 미국은 법적으로 학령기 아동이 공립학교에 다니는 데 아무런 제약이 없다는 사실은 별로 모르는 것 같다. 우리 가족의 경우, 언니가 불법체류에 유난히 민감해 한국에서 조카의 입양신고를 하고 합법적으로 비자를 얻어 미국에서 공부하게 되었다. 불법체류자가 많은 카운티에서는 합법적인 비자가 없어도 아이들을 학교에 보내라고 홍보를 하기도 한다. 왜냐하면 아동은 교육받을 권리가 있고 자기가 원해서 미국으로 온 것이 아니라 부모의 결정으로 왔기 때문이다. 아이를 가정에 방치하지 말고 무상교육을 받을 수 있는 공립학교에 보내라고 부모를 설득한다.

2011년 수강했던 '문화간 의사소통'이라는 대학원 과목에서는 레비 Levy 카운티의 이민 자녀를 위해 한 학기 동안 지역사회봉사 과제가 있었다.

교사가 학생과 학부모의 비자 상태를 묻는 것은 법으로 금지되어 있기 때문에 레비 카운티에 위치한 윌리스턴 초등학교의 교사들도 자기가 담당한 학생들의 비자 상태를 정확히는 알지 못하고 있었다. 학생의 부모가 비자가 없는 불법체류 노동자일 것으로 짐작만 하고 있을 뿐이었다. 목화, 블루베리, 오렌지와 같은 농작물의 수확기에 맞춰 계절마다 이동하는 노동자도 있다. 이들의 자녀는 오렌지와 블루베리 농장을 찾아 매년 한두 차례 부모를 따라 이사를 다니고 학교를 옮긴다.*

봉사활동은 가난한 이솔 이민 자녀를 위해 크리스마스 선물을 주는 것이었다. 같이 그룹을 이뤘던 친구들과 파워포인트로 계획서를 만들어 플로리다 대학의 강의실을 다니며 프레젠테이션을 하고 돈이나 물건을 기부받았다. 월마트, 퍼블릭스, 윈딕스와 같은 마트의 홍보담당자를 찾아가서 기금 마련 목적을 기록한 서류를 접수했다.

학생들은 지갑을 털어 동전을 기부했고, 마트 담당자는 2주일 뒤 30-60달러의 상품권을 보내주었다. 나이키 운동화를 갖고 싶어 하는 아이들을 위해서 스포츠매장에서 신발을 기부받았고, 'Harvest of Hope'라는 비영리 단체와 연계하여 정갈하게 신은 헌신발도 모았다. 윌리스턴 초등학교의 이솔 학생들에게 나눠주는데, '내가 미국에서 별 구걸을 다 하는구나'하며 황당해 했던 처음과는 달리, 엄마의 심정으로 그 아이들이 열심히 공부하기를 바라는 마음이 간절했다.

내가 이 이야기를 꺼내는 것은 불법체류자의 자녀이건 미국 시민권이

‖‖‖‖‖‖‖‖‖
*   미국은 비자가 없는 이주노동자들을 불법체류자(illegal aliens)라고 부르기보다는 서류미비자(undocumented aliens)라고 표현한다. 서류미비자(undocumented)라는 용어를 놔두고 불법체류자라고 부르면 한 인간을 불법으로 몰아가고 잠재적 범죄자 취급을 하게 된다. 인간은 불법인간이 없다는 취지로 공식적으로 서류미비자라고 지칭한다.

    또한, 미국에서 외국인 신분을 나타내기 위해 에일리언(alien)이라는 단어를 많이 쓰는데, 이 말을 들을 때마다 영화 《에일리언》의 영향 때문인지 몹시 불쾌하다. 나 역시 시민권자(citizen)인지 영주권자(resident)인지 에일리언(alien)인지 질문을 받을 때 내가 외계괴물이 된 것 같아 상처를 받곤 한다.

윌리스턴 초등학교에는 비자가 없는 불법체류 아동이 많지만
학교를 다니는 데는 문제가 없다.
2011년 가을학기 대학원 과목 중 가난한 이민 자녀들에게
크리스마스 선물을 전달하라는 과제를 이수하기 위해
기금을 모아 선물을 가방에 넣어 전달했다. 아이들이 가방에서
선물을 꺼내보며 좋아한다. 쿠키, 카프리선, 색칠공책, 책,
퍼즐 맞추기, 운동화, 칫솔, 샴푸 등을 담았다.

없는 외국인이건 상관없이 공립학교에 등록할 수 있고 이는 불법이 아니라는 점을 분명히 하기 위해서다. 미국의 공립학교는 UN의 아동인권이 정한 교육받을 권리를 인정하기 때문이다. 공립학교에 입학시킬 때 아동의 비자 상태를 묻는 것은 엄격하게 금지되어 있고 아이가 공립학교에 다니면서 불법체류를 했다고 해도 재입국시 불법으로 간주되지 않는다. 관광비자로 아이와 엄마가 미국에 와서 공립학교를 다니면서 불법체류를 할 경우, 법적으로만 따지면 만 18세 미만 아동은 어떤 불이익도 받지 않는다. 출국 후 미국으로 재입국할 때도 부모는 비자 승인에 문제가 될 수 있으나 아동은 어떤 불이익도 받지 않는다. 아이는 의사결정권이 없고 부모를 따라 다녀야 하기 때문에 18세 미만 아동의 불법체류를 불문에 부친다.

미국의 교사연수에서 한 교사가 이런 질문을 했다.

"우리가 낸 세금으로 왜 불법체류자의 자녀들까지 교육시키는거죠? 우리 반에도 부모가 불법체류자인 아이가 있어요. 방과 후에 아이를 따라가서 부모를 체포하면 되는데 왜 그렇게 못하게 되어 있나요?"

이에 대한 대답은 다음과 같이 돌아왔다.

"교사는 아이들을 돌보는 사람이지 신고하는 사람이 아닙니다. 그 아이들은 교육받을 권리가 있고 교사는 가르치기 위해 고용되었습니다."

기본적으로 교사의 임무를 학생을 돌보고 가르치는 일에 국한시킴으로써 아이가 학교에 가서 교사를 신뢰하도록 유도한다. 학교는 아동에게 안전한 장소가 되어야 하기 때문이다.

한국의 경우, 불법체류 외국인은 경찰에 발각될까 두려워서 아이를 학교에 보내지 않는 경우가 많다고 한다. 아이를 등하교시키는 길목에 경찰이 기다리고 있다가 아이가 보는 앞에서 부모를 체포하는 경우도 있다. 불필요한 정보를 제공해서 미국 조기유학을 위한 불법체류를 조장한다는 비난을 무릅쓰고 이런 얘기를 꺼낸 이유는, 교육열이 높다고 소문난 코리아가 국적과 피부색이 다른 남의 자식의 교육에는 냉담한 것 같아서다. 학교와 교사가 아동인권을 외면하고 있으니 참 씁쓸한 일이다.

부유층 자녀들은 방학 동안 해외 어학연수에다 조기유학을 떠난다는 이야기가 들리고 대중매체에는 미국에서 성공한 경우를 대서특필하거나 조기유학의 단점만 죄다 알려준다. 서민들이 양질의 교육에 접근하는 것을 막는 것 같은 인상을 준다. 연봉 5-6천만 원 가정에서 아이를 유학시키는 데 비용대비 최대의 효과를 내기 위해 어느 지역을 정하여 학교를 선택하고 어떤 준비를 해야 하는지 정작 필요한 정보는 알려주지 않는다.

한국어를 마스터하기 전에 영어를 배우면 아이의 인지능력에 문제가 생기고 언어적 혼돈이 생기는 것처럼 말하기도 한다. 5개 언어를 구사하는 유럽의 지성들이나 한국어와 영어를 모두 구사하는 한국 교포들이 얼마든지 많은데 말이다. 언어와 문화를 동시에 경험하는 것은 나쁠 것도, 해로울 것도 없다. 부모의 교육관과 아이의 특성에 따라 유연하게 결정하기를 권한다.

　그러나 글로벌 시대는 우리의 의지와 상관없이 그리고 보통의 서민들이 생각하는 이상으로 빨리 성큼성큼 다가오고 있다. 한 장소, 한 문화, 한 언어만을 고집하는 정주의식은 더 이상 시대정신이 아니다. 여기 저기 옮겨 다니며 내성을 키운 아이들이 빛을 발하게 될 것이다.

교사의 사회적 지위가
달라요

대만 최고 명문대를 졸업한 샤오유는 교사직을 휴직하고 유학 온 것이 큰 자랑이다. 역시 중국 상하이에서 교편을 잡다가 방문학자로 온 팡도 중국에서 여교사는 인기가 높아 시집을 잘 갈 수 있다고 말한다. 일본 유학생인 미와도 교사가 되기 어려워 유학을 결정했다. 한국에서 유학 온 배 모 교사는 어찌나 교사 자부심이 센지 옆에서 듣기가 민망할 정도다.

　어릴 때부터 여자들은 직업으로 교사가 제일 좋다는 말을 귀에 못이 박히게 듣는다. 학창시절 착실하게 공부해 대학에 진학, 교원임용시험에 합격하면 교사가 된다. 여자 직업으로 교사가 제일 좋다는 말에 걸맞게 '누리며' 산다. 이런 삶의 패턴은 한국뿐 아니라, 동북아의 많은 여교사에게 적용된다. 미국에서 그들이 공통적으로 강한 자부심을 표출하는 것을 보며 깨달았다. 샤오유, 팡, 배 교사의 자부심은 동북아 문화의 반영이다. 교사의 사회적 지위가 높아 우수한 인력이 교직으로 유입되어 교사의 질도 높고 자부심 역시 높다.

그렇다면 미국 교사는 어떨까. 대학원생 중 한 명인 제시카는 변호사를 하다 이민자 문제의 해결책은 교육이라고 믿고 교직을 준비했다. 모린은 초등교사 퇴직 후 교육학 박사과정에 등록했다. 레이첼은 부친이 치과의사여서 돈 걱정 없이 살 수 있을 것 같아 봉사할 수 있는 직업으로 교직과정에 등록했다. 동북아 문화권과 달리 미국에서 교직의 사회적 지위는 의외로 낮다. 어려서 캐나다로 유학 온 조카들도 대학 졸업 후 정부에서 일을 하거나 기업체에 취직을 했다. 공부할 수 있을 때 미리 석박사 공부를 시작하는 게 어떠냐고 권유하자 대뜸 하는 말이다.

"내가 왜?"

미국이나 캐나다에서 대학교수는 선망의 직업이 아니라는 사실을 내가 몰랐던 것이다. 한국에 비하면 사회적 지위도 그리 높지 않고 보수도 낮은데 반해 오랜 시간 연구에 몰두해야 하기 때문에 그다지 선호하지 않는다. 그래서 대학교수 자리는 영어와 문화적 어려움을 겪는 외국 유학생에게도 상대적으로 쉽게 열려 있다. '대학교수는 하늘이 내린다' '좋은 빽이 서너 개씩 있어야 된다' '교수 임용에 청와대의 입김이 작용했다' 등과 같은 말은 교수의 사회적 지위가 높고 특권층으로 분류되는 한국에서나 있을 법하다. 나와 같은 전공의 미국인 친구가 4–5만 달러 정도의 연봉을 받는 대학교수직을 찾으며 했던 말이다.

"학과에 근무하는 비서나 박사학위 가진 조교수나 연봉이 4-5만 달러이긴 마찬가진데 내가 왜 학위 때문에 이 고생을 하는지 모르겠어."

"우리 과에서 근무하는 크리스, 데보라 이런 사람이랑 조교수랑 연봉이 비슷해?"

한국으로 치면 학과의 행정조교와 조교수의 월급이 비슷하다는 말에 놀라서 묻자, 정색을 하며 그래도 교수는 명예가 있다면서 장황하게 말을 늘어놓았다.

인문사회계열 교수직은 정년을 보장받으면 6만 달러 정도 연봉으로 받는다. 한국의 중·고등학교 교사와 연봉이 비슷하고 여름방학 때는 물론, 안식년 동안에도 월급이 없다. 연구과제 등으로 연구물을 따오지 못하면 자리보전이 힘든데, 자기 밑으로 공부하러 오겠다는 박사 학생이 모이지 않으면 알아서 연구실을 비워줘야 한다. 미국에서는 이처럼 대학교수도 그다지 인기 직종이 아닌데, 초·중등학교 교사는 말할 나위없다. 한 초등학교 교사가 월급이 안 나오는 여름방학엔 마트 계산대에서 일하는 것을 직접 보기도 했다.

한국처럼 미국에도 스승의 날이라는 것이 있다. 5월 첫 주를 감사의 주간teacher appreciation week으로 정해두고 학부모에게 1년간 교사들의 노고에 부모로서 성의를 표해주기 바란다는 이메일이나 통신문을 보낸다. 아들이 초등학교 때는 선생님께 드릴 꽃, 음식, 케이크, 엽서 혹은 5-20

달러 안팎의 기부금을 요청했다. 미국으로 갓 이민 온 한 분은 초등학교에 10달러를 기부하고 담임선생님에게 따로 20달러짜리 상품권을 드렸더니 심하게 고마워하더라고 했다.

"미국에서는 20달러를 학교 교사에게 선물하면 그게 대단한가봐. 과하게 고마워하니까 나도 약간 어리둥절했어요. 한국의 스승의 날에 비하면 새발의 피라고 생각했는데."

그러자 다른 한 분도 이야기를 거들었다.

"아이가 학교에서 잘못한 일이 있어서 담임선생님한테 연락이 왔어요. 학교에 가면서 빈손으로 가기도 뭣해서 사과 6개를 가져갔는데 선생님이 고마워하면서 리본이 예쁘다, 봉지가 예쁘다, 이 사과 어느 마트에서 샀니 하면서 너스레를 떨며 과하게 고마워하더라고요. 근데 표정을 보니 정말 고마워하는 표정이었어요."

미국은 교사의 사회적 지위가 낮은 편이고 대부분 학부모도 선물을 잘 안하는 것 같다. 소박한 선물을 해도 교사는 굉장히 고마워한다. 보통은 스승의 주간에 감사의 편지와 함께 빵을 구워 보내거나 꽃을 보내는 정도다.

아이들이 중학교에 들어가면 담임선생님 이외에도 교과 교사가 많아 걱정을 했더니 학교차원에서 상품권을 일괄 거두어서 추첨을 통해 교사에게 나눠준다고 했다. 그러니 아이 한 명당 상품권 1개씩만 보내면 되니 부담스럽지 않았다. 15달러짜리 스타벅스 상품권을 두 개 사서 각각 하나씩 학교 행정실에 내라고 했다. 한 학년에 학생이 300명씩 되는 학교인데 학부모가 보낸 상품권이 60개를 넘지 않아 모든 교사가 1개씩 받는다는 목표에 이르지 못했다. 가장 비싼 상품권이 35달러였다.

　뱀과 거북이를 만질 수 있도록 실험실을 운영하고 학년 말이 다가오자 직접 닭을 키우고 인큐베이터에서 병아리를 부화시키는 등 다양한 가르침을 준 생물교사에게는 따로 스타벅스 상품권을 보냈더니 감사의 답장까지 왔다. 바디워시, 화장품, 머그컵, 작은 화분, 손거울, 도서상품권, 향수, 인형, 스타킹 등 많은 선물을 받았던 나의 교사시절을 떠올렸다. 당시에는 즐거워하면서도 당연한 듯이 받았다. 고마워했지만 뜨겁게 감사하지 못했다. 제자와 그 부모님께 뒤늦게 다시 감사를 전하고 싶다.

　미국에서 교사직은 누리며 살 수 있는 직업이 아니다. 주로 중상류층 출신의 백인 여성이 학문의 깊이는 좀 덜하지만 가르치는 일을 사랑하고 다음 세대를 위해 사회에 헌신하기 위해 택하는 직업이다. 한국과 비교하면 덜 똑똑하고, 덜 야무지고, 덜 야망 있고, 더 봉사하고, 더 헌신적이고, 더 아이들을 사랑하고, 경제적으로 덜 누리고 살 각오를 한 사람들이 교직으로 들어오는 것 같다. 글쎄 어느 쪽이 나을까.

　분명한 점은 한국에선 교사가 되고자 하는 변호사도 없고, 치과의사의 딸이 의대를 마다하고 마트에서 일해야 할지도 모르는 교직을 선택하지 않는다. 가르치는 일이 좋아 경쟁이 치열한 임용시험은 치더라도 월급이 적은 다문화학교나 대안학교 교사는 안 하려고 하는 것을 보면 '누리고' 싶은 거다. 그렇게 누리고 싶어 하는 교사가 누리지 못하는 가

가정환경과 문화가 언어교육에 어떤 영향을 미치는지 배우는
대학원 과정 수업에서 미국 예비교사들이 조별 토론을 하고 있다.
미국의 학교는 백인 중산층 가정 출신의 여교사 비율이 매우 높다.
이 수업에서도 전체 25명 중 남학생은 1명뿐이었고
나와 한국 유학생을 빼고 모두 백인이었다.

정의 학생들과 얼마나 소통할 수 있을까. 소통할 수 없는데 어떻게 잘 가르칠 수 있을까.

　미국은 왜 교육은 걱정하면서도 교사의 사회적 지위는 높이지 않을까 곰곰이 생각해 본다.

왜 유태인은 노벨과학상을
많이 수상할까?

노벨상 과학 분야의 수상자 중 23%가 유태인이고, 미국 교수의 20%가 유태인이라고 한다. 이러니 유태인 공부법을 배워야 한다고 한목소리다.

　이 같은 결과는 유태인의 독서량이 많은 이유가 크다고 한다. 유태인은 연간 독서량이 100권에 달하는데 반해, 한국 대학생은 약 9권의 책을 도서관에서 빌려본다는 통계가 있다. 이를 근거로 한국인이 그런 결과를 이뤄내지 못한 것은 독서부족이라는 분석도 나오고 있다.

　잠시 생각을 정리해 보자. 유태인이 한국 학교를 다니며 열심히 책을 읽으면 노벨상을 받을까? 아마 성적은 하위권을 맴돌고 쓸데없는 질문으로 수업분위기를 흐린다며 야단맞는 문제아가 되어 급우들에게도 따돌림을 당할 공산이 크다. 그만큼 교육제도가 중요하다는 말을 하고 싶다. 유태인은 이스라엘뿐 아니라 전 세계에 퍼져 있다. 그러나 노벨 과학상을 수상한 유태인은 대부분 유럽과 미국 출신이다. 한국인은 왜 유태인의 탈무드만 보고 유럽과 미국의 교육제도와 헤게모니는 안 보는 것일까?

최근 대학원 과목에서 유태인 학교에서 근무한 교사 두 명을 만났다. 조지아의 유태인 근본주의자 마을에 설립된 사립학교들이었다. 마을 사람들은 모두 백인으로, 남자들은 수염을 기르고 모자를 쓰는 등 유태 복식과 전통을 고수한다. 유태 학교에서 과학교과의 내용은 학부모에게 엄격히 검열을 받은 후 가르칠 수 있다. 특히, 진화론이나 공룡에 관한 이론과 화석 등은 절대 가르칠 수 없었고, 지구의 공전도 수업내용에 포함시킬 수 없다고 통보받는다.

유태 근본주의자 마을의 학생들은 공룡을 외계인이나 좀비 혹은 배트맨처럼 생각한다고 했다. 성서의 내용과 조금이라도 다르면 수업내용을 이해하지 못했고 수염을 기르지 않은 남자나 유색인종을 이상하게 쳐다보기도 했다. 그 교사들은 유태인 학교에서 가르쳐보니 미국 공립학교가 기본적인 건강함을 갖추었다는 것을 알게 되었다고 했다. 유태인의 교육방식 중 장점을 교육에 수용하는 미국과 유럽 교육의 포용성이 놀랍다. 더불어 서구의 글로벌 패권주의가 무서울 따름이다.

1981년 내가 중학교 1학년 때의 일이다. 당시 내가 다니던 학교가 재래식 화장실을 수세식으로 바꾸었다. 새 화장실을 깨끗하게 사용하는 것이 당시 각반의 학급회의 주제로 자주 거론되기도 했다. 화장실을 청결하게 유지하기 위해 사용한 휴지를 잘 처리하자는 의견도 나왔고, 청소당번을 더 많이 배치해야 한다는 의견도 나왔다. 평소 그다지 엉뚱하지도 않았던 친구의 말이었다.

"화장실 휴지를 물에 녹도록 만들면 사용한 휴지는 변기에 버리면 되니까 화장실에 냄새도 덜 나고 청소도 편리할 텐데…"

수학을 담당했던 담임선생님의 대답이 아직도 생생하다.

"야, 화장실 휴지가 설탕이냐, 물에 녹게? 제발 엉뚱한 소리 좀 하지 마."

담임의 핀잔에 교실이 떠나갈 듯 웃음소리가 터져나왔다. 나 역시 '쟤는 어쩜 저렇게 엉뚱할까'하는 생각이었다. 정말이지 선생님은 아이들이 엉뚱한 생각을 늘어놓아도 확실한 답을 딱 제시해 주는구나 하는 존경심도 들었다. 그러나 물에 녹는 화장실 휴지가 보편화된 지금 생각해 보면 정답을 제시하는 것은 어쩌면 가장 경계해야 하는 교육방식일지도 모른다는 생각이 든다.

한국 유학생에게 들었던 이야기다. 미국 정치학 수업시간에 미국 학생 한 명이 질문을 했다.

"삼촌이 그러는데 조지 W. 부시 대통령이 제2차 걸프전쟁을 일으킨 것은 자기 아버지가 대통령 재직 시설 제1차 걸프전을 일으키자 사담 후세인이 자객을 보내서 아버지와 가족을 죽이려고 했는데 그때의 일을 잊지 못하고 사담 후세인에게 복수하기 위해 일으킨 거래요. 맞나요?"

대학원 수업시간에 조별 발표를 하라고 하자 한 대학원생의 몸에 발
표자료를 감아두고 발표를 했다. 자신들이 수집한 데이터를 분석하
기 위해서는 자기 몸과 데이터가 일체가 되어야 한다는 의미를 전달
하기 위한 퍼포먼스였다. 멀리 있던 학생들이 흥미가 생겼는지 가까
이 다가와 바닥에 주저앉아 경청했다. 당시 내가 속했던 조는 파워포
인트를 이용한 전형적인 발표방식이었다. 당시 이 발표를 보면서 느
낀 점은 '이 학생들 참 유쾌하구나'였다. 그러나 이 사진을 한국 유학
생들에게 보여주자 '호들갑'이라고 일축했다.

수업시간에 그런 엉뚱한 질문을 하자 속으로 '멍청하고 어처구니 없는 미국 애들이라니…. 생각이 있는 거야 없는 거야'라고 한심해 했단다. 하지만 교수의 반응은 달랐다.

"아하. 자네는 지도자의 개인적 경험이 국가의 정책에 어떻게 반영되는지에 대해 관심이 있구만. 그런 사회심리학적 패러다임에 대해서 내가 몇 개 참고할 만한 논문을 가지고 있으니 내 사무실에 한 번 들르게나. 아마 자네의 연구에 도움이 될 걸세."

그 미국 학생은 부시 대통령이 사담 후세인에게 복수하기 위해 전쟁을 일으켰는지 물었지만 교수는 정답 대신 학생이 스스로 답을 찾을 수 있도록 유도했다. 나 역시 미국에서 공부하면서 비슷한 경험을 한 적이 많다. 대개 교수들은 정답을 잘 가르쳐 주지 않는다. 학생의 질문에 대한 정답은 교수가 알려주는 것이 아니라, 학생 자신이 찾아야 한다. 그것이 미국 고등교육의 기본원칙이다. 자기가 직접 찾지 않은 정답은 죽은 지식이고 남의 지식이다. 교수도 그 정답을 모르는 경우가 많다.

한국 유학생이 유학생활 1-2년 차에 접어들면 자주하는 불평이 있다.

"미국 애들은 영어만 쏼라쏼라 잘 할 뿐이지 도무지 머리에 든 게 없어. 수업시간에 멍청한 소리만 하고. 심지어는 박사과정에 입학할 정도인데 기본 이론도 잘 몰라요. 우린 그걸 학부 때 다 배운 건데. 도대체 기본이 안 되어 있어서 수업시간에 학생들 이야기는 들을 게 없어. 왜 그런지 모르겠어."

이런 이야기를 들을 때면 보통 나는 이렇게 대답한다.

"문화 차이라고 볼 수도 있는데, 그래서 걔들은 기존 이론 위에 새로운 이론을 발표하고 자기 이론을 증명하려고 숱한 데이터를 내놓고 패러다임을 전환하는 거 아닐까? 나도 처음에는 아니 쟤들이 왜 저러지 했거든. 요즘 교수가 하는 이야기는 책에 다 나와 있거나 이미 학부 때 죄다 배운 이론이야. 난 수업시간에 박사 학생들이 무슨 엉뚱한 소리를 하는지 더 관심 있어. 영어가 모자라서 그 희한한 논리를 못 알아들을 때면 오히려 영어 좀 잘했으면 하고 아쉬워 해. 이론은 그냥 책만 서너 권 읽어도 돼. 새 이론이 탄생할지도 모르는 그 현장이 박사 학생 세미나 시간인 거 같은데, 아닌가?"

사실 나는 기존 이론에 얽매이지 않는 박사 학생들의 엉뚱한 이야기를 조금씩 학문적으로 접목시켜 진행해 나가는 교수와 학생의 소통을 보다가 소름이 돋은 적이 많다. 한국의 교육풍토로는 따라잡기 어렵다는 절망감에 휩싸이기도 했다. 심지어 미국 대학원에 다니는 한국 유학생이 미국 학생들의 토론을 듣고 멍청하다고 여기며 한국에서 배운 이론을 줄줄 외는 자신이 더 똑똑하고 우수하다고 생각하는 것을 보면, 나중에 저 사람이 교수가 되었을 때 제자를 어떻게 가르칠까 걱정스럽다.

학문과 이론을 생산하려고 하기보다 소비하고 잘 외우는 것이 그렇게 중요할까?

내 지도교수인 코디 교수는 '덜 익은 생각unbaked idea'을 '밝혀라speak out'라고 강조한다. 이론적으로 다 만들어지고 정리까지 마친 결과보다 이론을 정립해 가는 과정에 있는 덜 익은, 이상한, 황당한, 웃기는, 멍청한, 기괴한, 어설픈 이야기를 다 같이 세미나 시간에 다른 학생과 공유하는 것이 학계에 기여하는 것이라고 여러 번 힘주어 말한다.

한국 교육의 교과과정은 연간 100권의 책을 읽다가는 학과공부를 따라잡을 수 없고 평가에서는 낙제하도록 짜여 있다. 어쩌면 한국 학생의 독서량은 한국 교육에 최적화된 결과다. 한국 학생은 미국의 거창한 이론을 배우려 들뿐, 자신이 이론을 만들 수 있다는 생각은 하지 않는다. 화장실 휴지가 설탕은 아니지만 물에 녹을 수 있는데도 말이다.

유태인이 그토록 책을 많이 읽고 토론하는 것은 미국과 유럽 학교의 교육과정과 평가방식이 읽기와 토론을 허용하기 때문이다. 다독은 한국의 교육제도에서 그다지 효율적이지 않을 수 있다.

자, 어떻게 개혁해야 할까?

유태인에 대한 짝사랑은 접어두고 한국의 현실을 들여다보자.

논문 표절에 대처하는
그들의 자세

문대성 교수의 학위논문을 두고 벌어진 표절논란은 연구윤리에 대해 생각해 볼 수 있는 기회다. 표절 의혹에 대해 '학자를 밝혔기 때문에 표절이 아니라'는 해명은 교수의 답변이라기보다 어린애가 생떼를 쓰는 것과 같다. 다른이의 논문 대부분을 인용하더라도 출전만 밝히면 박사학위를 받을 수 있다는 말인가. 박사과정은 연구자가 될 준비를 하는 기간이기 때문에 연구결과뿐 아니라, 연구과정을 책임지는 자세도 배워야 한다.

표절은 인지적 능력이나 취향의 문제가 아니라, 학문하는 방법과 윤리의 문제다. 허나 연구자의 윤리의식이라는 측면 때문에 문대성 교수 개인의 문제로만 치부되어선 곤란하다. 왜냐하면 학위논문의 표절 시비는 학생의 교육을 맡은 대학의 교육역량과 직결되기 때문이며, 학위논문을 통과시킨 논문심사위원들도 그 책임에서 자유로울 수 없다.

학계에서 출전을 밝히는 것은 기본이다. 일반적으로 연이어 6단어 이상이 같을 경우 표절로 취급되며, 인용이 3줄이 넘어가면 문맥 속에 넣을 수 없도록 한다. 대신 문단을 바꿔 인용부분만 따로 표시하되 페이지 번호까지 표기하도록 교육시킨다. 그러나 이렇게 출전을 표시하더라도 한 페이지에 이와 같은 인용이 2-3개가 넘을 경우 표절로 간주되어 논문을 통과시키지 않는다. 표절에 관한 한 미국 학계는 매우 엄격하다. 교수들은 대학원생에게 귀에 못이 박힐 정도로 철저하게 훈련시킨다.

2002년 조지아 대학에서 한 한국 학생이 쓴 논문이 출처를 누락한 것을 논문심사위원이 밝혀내어 표절판정을 받은 적이 있다. 교내 재판이 열렸고 결국 그 학생은 출교를 당하였다. 표절과 관련된 이들의 명단은 미국의 대학 모두가 공유하게 되어 다시는 학계에 발붙일 수가 없다.

자신도 모르는 사이에 표절을 할 수 있기 때문에 논문을 발표하기 전에 표절 확인 프로그램을 이용하여 확인을 거듭한다. 미처 몰랐다는 항변은 통하지 않고 학계의 응징은 가혹하기 때문에 미국 교수들은 제자들에게 강박적으로 주의를 주고 표절 워크숍을 연다.

표절은 문화 차이로 넘길 문제가 아니다. 때문에 문대성 교수의 연구윤리뿐 아니라, 지도교수의 교육역량도 의심스러워진다. 또한 논문심사위원들은 표절 여부를 챙기지 않아 오늘날 이 사태의 불씨를 남겼다. 국민대학교가 논문표절 여부를 심사한 지 2년 여만에 '심각한 표절'이라는 결론을 내렸다.

표절 여부도 조사해보지 않고 학위를 수여한 대학이 후일 표절을 심사하겠다고 하면 그 대학의 윤리수준을 과연 어느 누가 인정해줄까? 그리고 지도교수와 논문심사위원은 학생의 표절에 대해서 아무런 책임도 없는 것일까?

대학의 인종문제

인종의 전시장으로 불리는 미국에 살다 보니 나도 모르게 인종에 관해서 예민해진다. 이런 인종문제가 어떻게 표출되고, 어떻게 절충되는지 내 경험을 소개하려 한다. 세상사가 그렇듯, 단순해 보이는 사례도 여러 가지 복잡한 논쟁거리를 포함하고 있고 딱히 정해진 정답 같은 건 없다.

여러 해 전에 조지아 주의 한 대학에 다닐 때 백인 학생의 비율이 지나치게 높았던 것과 비교하면, 플로리다 대학의 문화·인종적 '다양성'은 매우 긍정적으로 평가할 만하다. 그런 와중에 2012년 플로리다 대학의 교육계열에 재학 중이던 흑인 학생들이 학장을 찾아가 단체로 항의하는 사건이 발생하였다.

미국 교사의 대부분은 백인 중산층 가정에서 백인 영어를 모국어로 자란 백인 여성이 주류를 이룬다. 미국 통계에 따르면 교사의 83%가 백인, 7.5%가 흑인, 5%가 남미계다. 이를 반영하듯 플로리다 대학의 교육계열 학생들은 중산층 백인 여학생이 많다. 플로리다 주의 경우 현재 백인이 52%로 다수를 차지하고는 있지만 유색인종 인구가 증가하는 것을 보면 곧 백인이 소수인종으로 떨어질 것으로 보인다. 즉, 공교육이 감당해야 할 어린 학생들은 영어가 서툰 이민자 자녀, 남미문화에서 자란 라티노 학생이나 흑인 아이들이 많은데도 백인 여교사의 비율이 지나치게 높은 셈이다. 더구나 중산층 백인 여교사가 다문화 감수성이 부족하면 교사와 학생 사이에 갈등이 증폭되는 것은 당연한 일이다. 그런 점에서 교육계열의 흑인 학생들은 미국 교육에서 다문화 교육을 위해 매우 소중한 인적 자원이다.

그렇다면 교육계열에 재학 중이던 흑인 학생들이 단체로 학장을 찾아가 항의한 내용은 무엇이었을까?

플로리다 대학의 의대도서관에 흑인 학생은 단 한 명도 보이지 않는다.

흑인 학생들이 많이 입학할 수 있도록 입학기준을 재고해달라거나, 재학 중 교수나 동료 백인 여학생에게 받는 여러 차별을 줄여달라거나, 흑인 학생들을 더 잘 가르치기 위한 학과목을 개설해달라거나 하는 것이 아니었다. 놀랍게도 흑인 교육에 관한 주제가 나올 때마다 자신들이 어떤 견해를 가졌는지 묻는 것이 인종적 불쾌감을 유발했다는 것이다. 즉, 자신들에게 특별한 '흑인' 아이덴티티가 있는 것처럼 가정하는 것이 인권침해라고 항의했다. 그들은 자신들이 학생이고 미국인일 뿐이라는 점을 분명히 했다.

내가 미국에서 석사공부를 할 때 대학원 학생들은 자기 전공 이외에 두 과목6학점을 이수해야 했다. 그래서 나는 '페미니즘 이론'이라는 과목을 신청했는데 그때 한국 위안부에 대해 배우게 되었다. 교재에는 위안부를 'Japanese comfort women'이라고 표기되어 있었다. 처음에는 '위로해 주는 일본인 여성'으로 이해했다가 나중에야 한국 위안부라는 것을 알게 되었다. 내가 그 명칭에 대해 항의하자, 강사는 좋은 지적이라면서 'Korean comfort women for Japanese soldiers'로 고쳤다.

직역하면 '일본 군인을 위로해 주는 한국 여성'이라는 의미다. 순간 눈물이 핑 돌고 가슴이 먹먹해왔다. '위안comfort'이라는 어휘를 사용하는 순간 한국인을 차별했던 일본의 민족차별주의와 성차별적인 전쟁범죄가 순화되는 것에 깊은 절망을 느꼈다. 나는 다시 강사에게 'comfort'는 식민지 여성을 감금하고 자신의 성욕을 해결하던 일본 남성의 입장일 뿐, 'comfort'라는 단어를 계속 사용하는 한 일본 강점기 시절 한국

남성과 일본인 모두에게 차별받던 한국 여성의 삶을 이해할 수 없다고 단호하게 말했다. 이후로 외국인과 위안부에 관해 이야기를 해야 하는 상황에서는 조심스러워진다.

인종적 논쟁에 관한 다음 사례는 한 한국 유학생의 이야기다. 수업 중 한국의 위안부에 관한 주제가 나오자 그 유학생에게 시선이 집중되면서 의견이나 추가설명을 듣고 싶어 하는 분위기가 되었다고 한다. 그리고 담당 교수도 가세하여 한국 위안부에 관한 이야기를 듣고 싶어 했다. 수업을 마치고 그 유학생은 교수에게 사과를 요청했다고 한다.

"위안부 문제는 내 학문적 관심사도 아니고, 내가 전체 한국인이나 위안부를 대표하는 것이 아님에도 불구하고 개인 의견이나 추가설명을 강압적으로 요구한 데 대해 모욕감을 느꼈습니다. 다시 그런 일이 있을 경우 대학본부에 고발하겠어요."

이상의 사건은 우리에게 일어나는 많은 일들이 얼마나 다양한 렌즈를 통해 바라볼 수 있는지 보여준다. 학장실로 찾아가 항의한 흑인 학생들이 '흑인African Americans' 정체성을 갖지 못한 것이 백인 우월성White Supremacy에 이미 물들었기 때문이라고 볼 수도 있고, 미국인이라는 이름 아래 스스로 인종적 정체성을 포기한 것이라고 볼 수도 있다. 물론, 그들의 항의는 인종적 정체성보다 인권이라는 주제를 지향한 것일 수도 있다. 또한, 한국인들은 위안부 문제의 본질을 알고 있으면서도 이를 미국인 동료들에게 알릴 수 있는 기회를 놓친 것에 대해 안타까워할 수도 있고, 심각한 전쟁범죄를 호기심 차원에서 접근하는 미국인에 대해 강력하게 저항한 것일 수도 있다.

중요한 것은 학장과 담당교수들이 학생의 입장을 충분히 공감하고 이의제기를 수용했다는 점이다. 한국의 학교도 학생의 다양한 요구에 귀를 기울이고 다양한 문화·인종적 필요에 더 너그러워지기를 기대한다.

미국 대학의 등록금과
장학금 정책

한국의 대학 등록금은 OECD 국가 중 두 번째로 비싸다고 한다. 이런 와중에 2011년 국립대학에서 법적 근거도 없는 기성회비를 통해 등록금 인상을 유도하다 국민들의 공분을 사기도 했다. 이는 반값 등록금 요구와 맞물려 대학에 대한 불신과 등록금 문제에 대한 사회적 관심을 불러일으키고 있다. 한국보다도 약 2-10배 정도 비싸고 전 세계에서 등록금이 가장 비싼 미국 대학의 사례를 살펴보고 이참에 미국인시민권자와 영주권자만 포함은 어떻게 대처하는지 엿보기로 하자.

먼저, 한국의 국립대 기성회비 비율은 등록금의 80%에 육박한다고 하는데 미국의 대학 등록금에도 기성회비라는 것이 있을까. 주립대학인 플로리다 대학의 경우, 연간 등록금이 2013년 기준으로 1학점 당 208 달러이며 20학점을 신청하면 수업료가 약 4,175달러가 된다. 한국의 기성회비에 해당되는 시설 유지비 및 부대 서비스 사용요금은 30% 미만으로 구성된다. 그런데 한국의 국립대학은 기성회비를 인상하고 또 시설유지 등에 사용해야 할 기성회비를 학교의 위상이 하락한 데 책임을 느껴야 할 교수와 직원의 연봉을 올려주는 데 사용했기 때문에 비판에서 자유로울 수 없다.

미국인이라고 하더라도 해당 주에 거주하지 않는 학생이 주립대학에 등록하려면 비싼 out-of-state 등록금을 부과한다. 주립대학은 주정부의 세금으로 운영되기 때문에 세금을 납부하지 않은 사람에게는 약 5배에 가까운 높은 등록금을 부과한다. 그래서 텍사스 주 출신 학생이 플로리다 대학 학부과정으로 진학할 경우 20학점에 해당하는 등록금은 거의 2만 달러약 2,200만 원에 이른다. 물론 이런 경우, 입학을 연기하고 플로리다로 이사 와서 1년간 일을 하면서 세금을 내면 플로리다 주민으로 인정받아 in-state 등록금을 내고 학교를 다닐 수 있다.

또한, 등록금이 비싸기로 유명한 미국의 명문 사립대학은 등록금이 비싼 만큼 훌륭한 장학금제도가 뒷받침되어 있다. 하버드, 예일, 윌리엄스 등은 연간 학비가 4만 달러약 4,500만 원 내외지만, 필요한 학생에게는 모두 장학금을 준다는 원칙을 지키고 있다. 이런 need-base 원칙은 졸업생들의 기부와 기여입학제로 대학의 재정이 탄탄하기 때문에 가능하다. 하버드나 윌리엄스와 같은 미국 명문 대학이 풍부한 학비면제 프로그램을 갖추었다고 해서 다른 미국 대학들도 그렇다고 오해해서는 곤란하다. 한국에서도 명문 대학교 학생들은 다양한 장학금 혜택을 받을 수 있고 우수한 저소득층 학생을 지원하려는 장학재단은 많다. 그러나 평균적인 대학생의 삶은 한국이나 미국이나 학비 때문에 고달프다.

2009년 미국 동부 대학에서 입학사정관 연수 프로그램에 참가한 적이 있다. 그때 만난 그린마운틴 칼리지의 핸론 샌포드 입학처장은 연간 4-5만 달러에 달하는 학비를 충당할 수 있는 학생만을 선발하며 학비 감면이 필요한 가난한 학생은 아예 선발에서 제외한다고 말했다. 이 대학의 장학금제도는 성적이 우수한 학생에게만 제공되는 merit-base 원칙을 고수한다. 아이비리그 대학인 펜실베니아 대학을 졸업한 스티븐이라는 한 친구는 학비를 마련하기 어려워 돈을 벌어가면서 공부하느라 4년 과정의 대학을 7년이 걸렸다고 했다. 장학금 혜택이 많다고는 해도 돈이 거저 굴러다니는 것은 아니므로 낭만은 금물이다.

이렇게 비싼 대학 등록금을 미국 학부모들은 어떻게 감당하는 것일까? 한국과 마찬가지로 대부분 학생들은 등록금을 부모에게 의존할 수밖에 없고 이에 대비해 부모들은 아이들이 어렸을 때부터 대학진학반과 직업교육반을 놓고 자녀의 진로를 계획한다. 대학교육반으로 진로를 선택했을 경우, 대부분의 부모들은 늦어도 아이가 초등학교 때 대학 등록금을 위해 미리 저축을 시작한다. 플로리다 주의 경우 많은 부모들은 아이가 태어나면 매달 100달러 미만을 저축하여 자녀의 대학 등록금을 충

플로리다 대학 학생들이 기성회비로 운영되는 볼링장에서 노트북을
켠 채 공부를 하고 있다.

당하도록 설계되어 있는 'Florida Pre-Paid College Plans'라는 공공 프로그램을 이용한다. 이는 초·중등학교 시절 이미 사교육비로 돈은 다 써 버리고 정작 대학에 입학한 후에는 가정경제가 어려워져 대학생들이 아르바이트 현장으로 내몰리는 한국의 현실과 사뭇 대조적이다.

대학 등록금에 관한 한 부모뿐만 아니라, 학생들도 많은 노력을 한다. 대학에서 운영되는 학자금 지원 프로그램을 이용하여 학비에 관하여 1:1 맞춤형 재무설계를 상담받는다. 학자금 지원은 성적과 재능에 따라 장학금을 부여하고 학교에서 아르바이트를 하는 work-study 프로그램을 연결시켜준다. 그렇게 해서도 학비를 맞출 수 없을 경우, 부모의 소득을 고려하여 학자금 대출로 재무설계를 해준다. 대학의 재무설계가 대학생들이 예비 사회인으로 미래를 계획하도록 도와준다는 것이 한국의 대학과 큰 차이인 것 같다.

미국 대학은 비싼 학비에도 불구하고 대학마다 다른 등록금 정책을 표방하고 있다. 학생들은 각 대학의 등록금과 장학금 정책을 꼼꼼하게 알아보고 가정경제에 위기가 오지 않는 대학으로 입학한다. 또한 부모들은 자녀가 어릴 때부터 저축을 시작하고, 자녀는 대학에 입학하면 학교 재무설계사에게 상담을 받고 미래를 계획한다.

많은 미국 학생들은 건강한 학풍에서 독립심을 키우면서 공부했고 자부심을 가졌다. 그러나 최근 불경기가 계속되면서 취업이 어려워졌고 대학 시절부터 학자금 대출이 누적되어 채무자로 전락하는 비율이 높아지고 있다. 그들은 지난 2011년 월가와 워싱턴 D.C와 LA를 점령한 시

위대에 합류하여 1%를 향해 소리 높여 개혁을 요구하고 있다. 등록금이 비싼 나라, 한국과 미국의 대학생들이 분노하고 있다.

미국에서 한국어 배우기는
쉽지 않아요

언어는 정체성의 정점에 있다. 카레, 마작, 타코, 한류 드라마, 살사댄스, 요들송 모두 문화의 일부지만, 문화 정체성을 규정짓기에는 부족하다. 빈달루 카레를 먹는다고 인도적 정체성을 가지게 된다면, 일요일에 짜파게티 먹는 우리 민족은 벌써 화교로 바뀌고 스타벅스에서 아메리카노를 즐기는 취향들은 이미 미국인이 되었을 것이다. 언어는 배우는 시기도 중요하고, 배우는 데 노력도 많이 든다. 김치 집어먹듯이 한 번에 되는 게 아니라는 말이다.

최근 석지영이라는 한국 교포가 하버드 로스쿨의 최연소 종신교수가 되었다. 아름답고 똑똑한 그녀는 한국인의 자존을 드높여 주었다. 그러나 석지영 교수는 한국어를 자연스럽게 사용하지 못하는 것 같다. 그녀를 다룬 방송 내내 스스로 한국인이라고 말하는 그녀의 입에서는 단 한마디도 한국어가 나오지 않는다. 그래서 그녀는 '한국인'이 아니라, 한국어 구사력이 떨어지는 '한국계 미국인'에 더 가깝다는 의견도 있다.

다양한 인종으로 구성된 미국의 학교와
초등학교 도서관에 비치되어 있는 다양한 언어의 사전들

먹는 음식, 입는 옷, 사는 거주지 그 어느 것보다 사용하는 언어가 그 사람이 누구인지 알려준다.

내가 살고 있는 미국의 아파트 단지에는 한국인이 몇 집 있다. 한 초등학교 1학년 아이는 '안녕하세요'를 외계어 말하듯 겨우 말한다. 그 아이의 부모는 몇 년 뒤 한국으로 돌아갈 예정이라 영어를 확실히 가르쳐두고 싶다며 영어 위주로 가르친다고 한다. 그리고 보니 밖에서 한국 아이들과 어울리는 법이 없었다. 한 지인에게서 영어공부 때문에 그렇게 하는 한국 엄마들이 꽤 있다고 들었다.

가정에서 영어를 제1언어로 사용하거나 부모의 영어 구사력이 원어민 수준일 경우, 아이가 영어 현지인으로 자라도록 하는 것도 나쁘지 않은 선택일 수 있다. 그러나 부모의 낮은 영어 구사력에도 불구하고 영어로 대화하거나 부모는 한국어를 사용하고 아이는 영어를 사용하게 하면 가정에서 받는 언어입력이 부족하여 영어와 한국어 모두 초급수준으로 구사하게 되는 현상을 겪을 수 있다. 이런 아동들은 2개 국어를 하는 것처럼 보이지만, 어떤 언어도 제대로 구사하지 못한다. 초급수준의 언어로는 미국에서 학업을 수행하기 어려울 뿐만 아니라, 한국에 돌아왔을 경우에도 어려움을 겪는다. 더구나 한국처럼 교육에 대한 투자가 과열된 문화권에서 그런 언어수준으로는 버티기 힘들다. 그런 아이들 대부분이 다시 미국행을 택하고 대학을 간신히 졸업한다.

한국에서도 수업시간 내내 떠들고 수업을 방해하는 아이의 생활 한국어는 학습에 별로 도움이 되지 않는다. 수준이 높은 언어 구사력은 공부를 하면서 얻게 되는 인지발달의 결과물이다. 부모가 모범과 격려로 동기를 불어넣어 줄 때 아이들은 문화·언어적 정체성을 찾아간다. 소통 없는 가정에서는 불가능하다. 혼혈아에 대한 많은 연구들은 혼혈 아들이 두 문화·인종적 집단으로부터 장점을 배울 수 있지만, 양쪽 혈통으로부터 배척당한 경험을 가지고 있거나 어느 쪽에도 제대로 소속 감을 가질 수 없었다고 한다. 더구나 미국에 사는 한국계 미국 혼혈아들은 한국어 구사력이 낮아서 한국인 정서를 가지지 못하고 한인모임에서 주로 배척당한다는 보고가 있다. 석지영 교수도 아이에게 한국인의 정체성을 위해 한국어를 가르친다고 한다. 아마 그녀도 뼛속 깊이 느낀 바 있었으리라.

지능에 대한 오해

멘사Mensa라고 하면 똑똑한 사람들의 모임으로 알려져 있다. 이 모임에 가입하려면 지능IQ이 148 이상인 상위 2% 이내에 들어야 하기 때문이다. 평소 지능이나 멘사에 별다른 관심 없이 살았고 아이들의 등수에도 별로 신경 쓰지 않고 지냈다.

미국 플로리다 주에서는 IQ가 130 이상 학생 중 수학과 과학 영역에서 영재성을 지닌 학생을 선발하여 ESEException Student Education 교육 서비스를 제공한다. 그런 영재 선발과 지능검사에 대한 이야기를 들려주면 한국인들은 다음과 같은 반응을 보인다.

"IQ점수가 130이면 영재가 되다니 미국에서는 영재 되기 쉽네."

"멘사 회원자격보다 18점이나 낮은데도 영재라니 미국 영재는 별거 아니네."

"IQ가 최소한 140이나 150은 넘어야지, 130은 좀 낮은 거 아닌가?"

지능에 관해 알아야 할 것은 평균과 표준편차의 개념이다. 플로리다 주는 100을 평균으로 하고 15를 표준편차SD로 하는 영재판정 검사들을 사용한다. 플로리다 주의 지능 및 성취도 표준화 검사에서 130은 평균보다 2표준편차2×15 높으며 상위 2%에 해당한다. 이는 24를 표준편차로 계산하는 한국 멘사의 지능지수로는 148에 해당한다. 즉, 멘사의 지능지수는 과대계상되어 있고 지능지수에 대한 심리적 인플레이션을 유발하는 것 같다.

표준화된 검사에서 평균과 표준편차를 모르면 140 혹은 150이란 IQ점수는 그다지 의미가 없다. 표준편차가 15인 IQ검사에서 130점, 표준편차가 16인 IQ검사에서 132점, 표준편차가 24인 한국 멘사의 IQ검사에서 148점은 모두 상위 2% 지능을 의미한다.

지능이니 영재성이니 창의성이니 하는 것들은 타고난다거나 불변하는 속성쯤으로 오해하기 쉽다. 그러나 영재성 검사 혹은 지능검사는 언어와 문화에 따라 점수가 크게 달라진다. 예를 들어, 영어가 서툰 한국 아이가 미국에서 영어로 구성된 지능검사를 할 경우 당연히 지능지수가 낮게 나온다. 이를 보정하기 위해 영어가 모국어가 아닌 아동의 지능을 검사할 경우 도형 맞추기 등 비언어적 수행능력을 평가에 활용하기도 한다. 사회·경제적 환경이 열악하면 심리적으로 위축되기 때문에 가난한 가정의 아이들은 지능검사에서 낮게 평가된다.

한국에서 초등학교 4학년을 마치고 미국으로 온 아들은 핀리 초등학교에서 영어반은 이민 자녀로 구성된 이솔반에 배치됐고, 수학과 다른 과목은 일반 학급에서 배우기 시작해 처음에는 불만이 없었다. 한 달에 한 번씩 수업참관을 신청해 직접 수업하는 모습을 보니 아들은 눈치로 수업내용을 빨리 이해하는 데 반해, 영어를 잘하는 미국 학생들이 오히려 헤매고 있었다. 오지랖 넓은 아들이 이리저리 다니면서 보디랭귀지로 가르쳐주거나 문제 푼 것을 보여주고 있었다. 생각지도 않은 뜻밖의 광경을 보고는 집으로 돌아와 아들과 이야기를 나누었다.

"공부 잘하는 백인 애들은 영재반이나 우수반으로 뽑혀 가. 남은 애들은 대부분 공부 못하는 애들이라서 그래."

"그럼 너도 우수반으로 넣어달라고 해야겠구나."

"난 영어를 못하니까 아마 안 해줄걸."

9개월이 지날 무렵부터 교장선생님께 편지를 보내 아들을 우수반에 배치시켜 주거나 영재시험을 칠 수 있게 해달라고 요청했으나 번번이 거절당했다. 그 문제는 자신이 결정할 수 없고 학교심리학자와 담당교사들의 추천이 있어야 한다는 이유였다. 담당교사에게 문의하자 조금만 더 기다리라고 조언해주었다. 아이는 중학교에 가서야 영재검사를 받을 수 있도록 교사가 추천해주었고, 검사 결과 15를 표준편차로 하는 카우프만 검사에서 IQ 점수 1513.4표준편차이 나왔다.

이런 경험을 교육대학원 수업시간에 얘기했더니 한 백인 학생이 몹시 분해했다. 다음날 그 학생은 내 의사와 관계없이 핀리 초등학교 교장에게 전화해 '이는 다문화 가정 자녀를 언어·인종적으로 차별한 것 아니냐'고 따졌다고 한다. 또한 '교육과 가난Education in High Poverty'이라는 과목을 가르쳤던 백인 교수도 나를 대신해 학교에 항의해주었다. 고마웠다. 아이가 중학교에 들어가고 영어가 익숙해지면서 영재성이 나타난 셈이니 인간의 인지적 능력은 문화·인종적 편견이나 경제적 환경에 따라 달라질 수 있다는 걸 보여준다.

흔히 표준화 지능검사라고 하면 인지적 능력을 객관적으로 측정하는 것으로 알려져 있다. 하지만 표준화 검사로 측정하기에는 인간의 인지구조는 꽤나 말랑말랑하고 검사방법에 따라 왜곡이 일어날 수 있다. 언어와 문화가 다를 경우, 사고력과 지능이 낮게 평가되고 문화·언어적 다양성을 고려한다고 해도 충분히 보정되기 어려운 것 같다.

한국도 사회가 다원화되어감에 따라 영재교육과 다문화 교육 영역에서 세심한 배려가 필요하다. 언어적 배경이 다른 다문화 학생이 영재교육이나 창의성교육에서 배제되지 않도록 검사도구를 개발할 필요가 있다. 지능지수와 수행능력은 그 사회의 문화·인종적 편견에 따라 고무줄처럼 달라지기 때문이다. 한국의 다문화 아동들은 어떤 경험을 하고 있을까?

여섯번째 이야기

미국 문화와
다문화 교육

이번에 미국 문화를 생활이라는 측면에서 이해해보려고 한다. 이미 미국 문화에 대한 다양한 서적이 있기 때문에 쓸데없는 정보만 제공하는 것은 아닌가 잠시 고민하였다.

그러나 세계의 중심국가로 그리고 한국인의 삶에 큰 영향을 미치는 미국이란 나라를 다인종·다문화적 관점에서 해석하였다. 동성애 문제, 청결관념, 인종주의라는 소주제로 미국 사회가 어떻게 다문화주의를 실현하는지 보여주고 싶었다.

다문화·다언어 교육을 전공하는 아줌마 박사학생이 학교와 집을 오가며 보고 듣고 겪은 이야기들이다. 복잡한 미국 사회가 어떻게 굴러가는지 가벼운 마음으로 읽었으면 좋겠다.

　　　　　미국이 다인종·다문화 사회라고 하는데
디즈니 매직킹텀이나 할리우드 스튜디오 같은 유명 관광지에 가면
흑인이나 유색인종보다는 얼굴에 웃음꽃이 만발한 백인들이 많다.
흑인이나 유색인종은 게으르고 머리가 나빠서 놀 줄 모른다고
말하는 이는 없을 것이다. 세계의 불평등을 한눈에 볼 수 있다.

한국 사회, 다문화
'톨레랑스'로 거듭나길

내 대학 은사 중 한 분은 미국 유학시절에 학부생을 가르치며 학비를 벌어 박사 공부를 했다고 한다. 그 이야기를 들을 당시 놀라워서 뒤로 나자빠질 뻔하였다. 솔직히 그 분은 영어가 서툰 편이기 때문이었다. 그의 거친 영어에는 짙은 서부 경남의 강한 억양마저 묻어 있어 수업을 마칠 무렵이면 하동에서 재첩국을 한 사발 마신 기분이 들 때도 있었다. 아무튼 그 영어로 미국 대학생을 가르치는 모습을 상상하기 힘들었다. 하지만 이곳에서 살아보니 가능한 일이라는 것을 알게 되었다. 미국 대학의 시스템이 그랬고, 다문화 사회로 진입한 미국의 건강한 힘이 있기에 가능한 것이었다.

미국에는 대학도 많고 명문 대학도 많다. 하버드·예일 등 연구중심 사립대학, UC버클리와 같은 연구중심 주립대학들뿐 아니라, 윌리암스 컬리지와 암허스트 대학과 같은 교육중심 교양종합대학 등 다양하게 특화되어 있다. 그 중 연구중심 대학들은 대학원 학생을 TATeaching Assistant로 계약해 학부교육을 맡기는 경우가 많다. 교육중심 대학의 교수들이 학부생 교육과 진로상담의 비중이 큰 반면, 연구중심 대학에서는 교수들은 연구물과 대학원생 수업에 중점을 두고 학부교육은 대학원생을 TA로 고용하여 시간강사처럼 활용한다.

연구중심 대학에서는 교수가 학부생 수업을 일일이 챙기는 대신, 연구물과 논문으로 생존을 결정한다. 플로리다 대학의 몇몇 학과는 한국인과 중국인 대학원생이 학부생 수업을 도맡는 경우도 있다. 내가 속한 이솔/이중언어교육 전공에서도 지난 2, 3년간 한국, 중국, 일본, 페루 출신 박사 학생들이 주로 수업을 맡았고, 아동문학 및 읽고 쓰기Children's Literature & Language Arts 전공도 학부수업의 절반 이상이 한국과 중국 유학생이 맡았다. 나 역시 영어로 미국 대학생을 가르치는 것이 부담스러워 같은 과 미국인 친구에게 걱정을 털어놓았다.

"왜 이렇게 영어가 안 늘지? 이런 영어로 학부생을 가르칠 수 있을까 걱정스러워."

"왜? 네 영어가 어때서?"

"내 영어 실력 알면서 무슨 소리야?"

"학부생 가르칠 정도는 되잖아. TA로서 그 정도면 된 거 아냐?"

나는 왜 말귀를 못 알아먹고 엉뚱한 소리를 하나 싶어 쳐다보는데 그 미국 친구는 왜 엄살을 부리냐는 식이었다.

나는 마음속으로 상상해 보았다. 중국인 유학생이 한국의 대학원 과정으로 유학을 왔다. 그리고 시간강사가 되어 학부생 교양수업을 맡았다면, 한국의 학부생은 그의 한국어를 어떻게 받아들일까? 학부생들이 어눌한 어투를 흉내내며 조롱하거나 참지 못하고 불만을 드러내며 수업을 거부하고 결국 폐강이 될지도 모른다.

미국 대학생들도 영어가 자연스러운 미국인 강사에게 수업을 듣고 싶을 것이다. 그러나 중요한 것은 미국 대학은 외국인에게도 수업을 맡기는 다문화 의식이 이미 정착하였고, 미국 대학생들도 언어적 불편함을 감수하고 기꺼이 수강신청을 한다는 점이다. 외국인도 간단한 영어 말하기 시험을 거쳐 학부생 수업을 맡는다. 즉, 나의 은사가 미국 대학생을 가르칠 수 있었던 것은 그의 영어와 역량을 받아들일 수 있는 미국의 다문화적 감수성 덕택이었을 것이다.

순간 내가 한 대학 본부에 근무하면서 업무로 만난 교수가 떠올랐다. 몇 해 전쯤 그가 투덜거리며 한 이야기다. 그의 학과에서는 순번을 정해 돌아가며 차기 학과장을 선출해 왔는데, 이번에는 일본인 교수 차례가 되었다. 알아서 포기해 주기를 기대했는데 눈치 없이 그 외국인 교수는 자기 차례가 되었으니 당연히 학과장직을 맡겠다고 했단다. 그래서 나머지 교수들끼리 모여 그 일본인 교수를 자진 사퇴시킬 방안을 짜내느라 골머리를 썩이고 있다는 것이다.

영어권 국가에서 공부하고 대학에 들어온 그 교수는 도대체 유학생활을 하면서 뭘 보고 배웠을까 하는 의문이 들었다. 진보적 성향에 사람 좋기로 소문난 그였지만, 친절한 미소 뒤로 인종주의적 가치는 당당하게 드러내면서 수치심은 거의 보이지 않았다. 그 눈치 없는 일본인 교수가 결국 학과장이 되었다고 하니 다행스럽기 그지없다. 한국인 스스로가 저버린 다문화 '톨레랑스'를 일본인 교수가 깨우쳐 주길 응원했다.

세계 곳곳에는 '한국인의 뚝심'을 발휘한 자랑스러운 코리안이 등장한다. 그 자랑스러운 한국인만 보지 말고 이제는 관점을 바꿔 코리안을 받아준 그 사회의 건강한 인내심도 같이 봐주길 바란다. 외국인이 타국에서 역량을 펼칠 수 있는 것은 그 사회가 다문화적 '톨레랑스'가 있기 때문이다. 파키스탄인이 교수가 되고, 필리핀계 결혼 이주여성이 군수가 되고, 커밍아웃한 레즈비언도 공중파 방송의 여성 앵커가 될 수 있는 그런 코리아를 꿈꾼다.

Why not?

남자가 어떻게
남자와 결혼해요

한국은 유명 연예인이 지인에게 '게이 좀 그만하라'고 충고한 사연으로 떠들썩할 즈음이었다. 사범대 학생을 대상으로 한 세미나 시간에 성 소수자에 대한 주제가 나왔다. 시큰둥하게 듣고 있는데 강사가 자기 가족이나 삼촌, 사촌 중 게이나 레즈비언이 있는 사람 손을 들라고 했다. 그 많은 참석자 중에서 손을 들지 않은 사람은 나와 아랍 학생과 중국인 교수뿐이었다.

갑작스런 상황에 모두들 당황했다. 나뿐 아니라, 손을 들지 못했던 다른 두 명도 주위를 둘러보며 놀라고 있었다. 미국인 학생들도 아시아인세 명만 손을 들지 못하자 의아하게 쳐다보았다. 나는 그 상황을 통해호모 없는 청정(?)지역 아시아가 얼마나 억눌려 있는지 느꼈다. 여성, 장

1. 성소수자도 인간임을 강조하는 티셔츠를 입은 참가자

2. 필자의 아들과 축제 참가자들이 피켓을 들고 있다.

3. 성소자에 대한 기독교인의 태도가 변화하고 있다. 교회의
성 소수자에 대한 입장에 대해 사과하는 모습이 인상적이다.

애인, 유색인종과 가난한 자를 억누르는 그 횡포 말이다.

　미국의 다문화 교육은 어쩔 수 없이 참아주는 톨레랑스를 넘어, 타인의 취향을 차이로 존중하자는 입장을 분명히 가르친다. 그런 교육 풍토에서 자라는 아이들도 은연중에 주류 문화를 학습한다. 중학교에 다니는 아이 둘이 학용품을 두고 티격태격 다투었다. 곧 한 녀석이 '변태 같은 놈'이라며 고함을 지르는 것이 아닌가.

　"왜 변태 같은 놈이라고 말했지?"

　"그냥 그게 제일 나쁜 욕이니까요."

　"변태는 그냥 성적 취향일 뿐이야. 취향에 대해선 차이를 존중해야 되지 않나? 그리고 사실 자기를 변태라고 생각하는 사람은 없어. 자기가 싫어하는 사람을 변태라고 몰아가는 사람들이 있을 뿐이지. 너도 조금 전 동생이 미워서 한 말이잖아."

　"…"

　미국서 사귄 친구들끼리 파티를 열었을 때, 아들 녀석이 속삭였다.

　"앤드류 아저씨는 잘생기고 매너도 좋아서 예쁜 여자랑 결혼할 거야."

　"아니, 앤드류 아저씨는 게이라서 남자랑 사귀고 아마 남자랑 결혼할 걸."

　"No. Impossible! 남자가 어떻게 남자와 결혼해요?"

　아이는 한 동안 앤드류 아저씨의 결혼으로 혼란스러워 했다. 이를 통해 느낀 점이 있다면 어리다고 해서 고정관념이 적은 것이 아니라, 사회의 지배적 가치를 저절로 배운다는 것이다. 이후, 성 소수자LGBT: Lesbian, Gay, Bisexual, and Transgender 축제에 아이를 데려가서 설명도 듣고 이벤트에도 참가하고 나니 왜 우리가 성 소수자를 이해해야 하는지 이해하는 것 같았다.

동성결혼에 호의적이었던 오바마 대통령이 재선에 성공했지만, 현재 미국은 동성결혼법안을 두고 머뭇대고 있다. 오랜 역사를 통해 지켜온 가정의 개념이 깨진다는 우려 때문이다. 5%도 안 되는 성 소수자의 동성결혼으로 깨질 정도로 나약한 전통을 유지하기 위해 동시대 인류를 차별하는 것이 우리의 도덕 수준이어야 할까?

커피 취향도 쉽게 바꾸기 어려운 법이거늘 타고난 성 정체성은 그만두라고 해서 되는 게 아니다. 입장을 바꿔 '이렇게 좋은 동성연애를 왜 안 하냐?'며 이성애 취향을 1, 2년만 바꾸기를 권하면 기분이 어떨까? 어차피 이성애와 동성애가 타고나는 것이라면 동성결혼을 합법화한다고 해도 사회의 주류는 이성애자의 몫이다. 왼손잡이를 인정한다고 해도 항상 오른손잡이가 이 사회의 주류인 것처럼 말이다.

최근 몇 해 사이에 '다문화'가 우리 일상으로 성큼 들어왔다. 다문화교육의 핵심은 존중받고 싶으면 타인의 취향, 문화, 인종, 종교에 대해 차이를 존중해야 한다는 것이다. 학교와 집에서 귀에 박히게 들어온 말이지만, 다문화 감수성이 부족할 경우 실제 생활에서는 '게이 좀 그만하라'거나 '변태 같은 놈' '남자가 어떻게 남자와 결혼해요?'와 같은 발언이 툭툭 튀어나오면서 스스로 사회적 약자에게 돌을 던지고 있는 자신을 발견하게 될 뿐이다.

문화에 따라 청결개념이
달라요

청결개념에 대한 논문을 읽은 적이 있다. 주요 논지는 청결은 문화적으로 규정되기 때문에 어떤 민족도 자기네들이 더럽다고 생각하지 않는다는 것이다. 미국인들은 샤워할 때 따로 발을 씻지 않지만 자신을 깨끗한 인간으로 여긴다는 것이 한 예로 나와 있었다.

그 논문을 읽고 미국인 친구에게 물어보았다.

"그럼, 미국인들은 샤워하면서 발가락 사이사이를 뽀득뽀득 씻지 않는다는 말이야?"

"그럼 한국인들은 발가락 사이에 손가락을 넣어가면서 씻는다는 말이야? 그럼 손이 더러워지잖아?"

더러운 카페트 위를 맨발로 씩씩하게 걸어 다니면서도 발을 안 씻는다니 어이가 없었다.

한국인도 미국에서 오래 살면 미국 문화에 스며들게 된다. 자연스러운 현상이다. 그런데 미국에서 50년을 살아도 집안에서 신발을 신는 한국인은 매우 드물다. 신발은 밖에서 신고 실내에서는 맨발로 다니거나 실내화를 신는다. 그런데 미국인들은 길거리나 도서관이나 사무실이나 무슨 이유에선지 자유로운 영혼처럼 갑자기 신발을 벗고 돌아다닐 때가 있다. 공원 숲길을 걸으며 한 손에는 신발을 다른 한 손에는 개 목줄을 잡고 맨발로 유유자적 산책을 한다. 물론 누구도 그러지 말라고 하지 않는다. 그러다가도 집에 가면 카페트 위에 신발을 떡하니 신고 있는 경우가 많다. 도대체 언제 신발을 신고 언제 신발을 벗는지 개념도 없고 원칙도 없어 보인다.

내가 사는 아파트 욕실에 윗집에서 물이 새 수리공을 부른 적이 있다. 수리공 세 명이 욕실에서 수리를 하느라 물로 더럽혀진 작업화를 신고 집안 이곳저곳에 발자국을 남겨버렸다. 제발 신발 신고 집안으로 들어오지 말아 달라고 애걸복걸했지만, 수리를 위한 목적으로 방문했을 때는 신발을 벗지 않아도 되는 규정을 내세워 신발을 벗지 않았다. 규정이 그렇다는데 어찌하랴. 내가 청소를 감수하는 수밖에.

얼마 전 라오스 여행을 다녀온 한 친구 왈, 라오스 사람들은 어찌나 목욕을 자주 하는지 온종일 목욕하고 빨래하느라 시간을 다 보내고 있다는 것이다. 식사시간이 되면 깨끗하게 목욕하고 단장하고는 시장에 장을 보러 가는 모습을 종종 보았다면서, 차라리 씻는 시간을 줄여 좀 더 생산적인 일을 하는 것이 더 나을 것 같다는 말을 덧붙였다.

미국에 유학 온 한국인 친구의 이야기다. 그 학생이 대학원생실에 간 첫날 책상 위에 양치 컵과 칫솔을 올려놓았더니 옆자리에 앉는 중국 유학생이 몇 번이나 이상하게 쳐다보더란다. 마음속으로 '중국인은 잘 안 씻는다고 하더니 양치 컵이 신기하게 보일 정도로 양치질을 안 하나?' 하고 도리어 이상하게 생각했단다. 한국에서 하던 습관대로 점심을 먹고 난 뒤 양치질도 꼬박꼬박 하면서 열심히 공부를 했다는 이야기였다.

그러나 사실 미국 사람들은 공용 화장실에서 양치질을 하지 않는다. 양치질을 사적인 위생활동으로 여기기 때문이다. 집에서도 양치하는 모습을 다른 사람이 보는 것을 약간 창피하게 생각할 정도다. 때문에 식구들이 같이 욕실에서 양치질을 하는 경우도 드물다. 양치 컵을 책상 위에 떡하니 올려놓고 화장실에서 수시로 쓱싹쓱싹 이를 닦고 있으니 미국 문화에 익숙한 그 중국 유학생은 황당한 신입생이 들어왔다고 생각했을 것이다.

미국에 온 지 한 두어 달 되었을 무렵, 누가 무슨 말을 한 것도 아닌데 조카는 공용 화장실에서 양치질을 하지 않는다는 것을 눈치채게 되었다. 우리 가족이 가끔 여행을 가는 날은 아침에 양치하고 여행하느라 하루 종일 제대로 양치질을 할 수 없었다. 낮에는 관광을 하고 저녁을 먹은 뒤에야 숙소로 돌아오기 때문에 저녁 늦게 도착했다.

얼굴에 철판을 깔고 휴게소에서 양치질을 하기로 마음을 먹었다. 남한테 피해를 주는 것도 아닌데 뭐 어때 하는 심정으로 재빨리 양치를 하고 나왔더니 아들과 조카는 화장실 안에 있는 장애인 칸에서 양치를 했단다. 장애인 칸은 일반 화장실보다 공간도 넓어 두세 명이 같이 들어갈 수도 있고 변기뿐 아니라, 세면대와 페이퍼 타월도 있어 마음 편히 양치질하기 좋았다고 한다. 이후 우리 가족은 공중 화장실에서 양치질을 해야 할 때면 화장실 장애인 전용 칸을 이용한다. 볼일이 급한 장애인이 있을까봐 항상 신경이 쓰인다.

더럽다, 깨끗하다는 가치판단은 모두 자기가 속한 문화에 의해 규정된다. 한 공동체 속에서 자라고 교육받으면서 우리는 그 청결기준까지 학습한다. 그 기준보다 덜 씻으면 더럽게 보이고 더 씻으면 청결강박이 있는 것으로 판단한다. 문화적 다양성을 자기 문화에 대한 긍지와 어떻게 병행할 것인지 우리에게 남겨진 과제다.

홍채색깔이 우수한 유전형질을 말해준다고?

미국의 한 초등학교 교사와 학생들 이야기다.

"왜 흑인들은 백인에게 차별을 당할까요?"

교사가 아이들에게 물었다.

"흑인이니까요."

"피부색이 다르니까요."

"그야 뭐, 그냥…"

"우리 아버지가 그렇게 말했어요. 흑인은 어쩔 수 없대요."

아이들의 대답은 이유를 불문하고 그냥 흑인이라서 차별을 당해야 한다는 것이었다.

어느 날 교사는 '푸른 눈'을 가진 아이들이 '갈색 눈'을 가진 아이들보다 유전적으로 우수하다고 알려주었다. 푸른 눈을 가진 아이들을 앞쪽으로 배치하고 특별대우를 해주었다. 갈색 눈을 가진 아이들이 단지 눈색깔로 차별을 받는 것이 옳지 않다고 저항하자, 교사는 저명한 연구진들이 여러 번의 실험을 거친 결과라고 일러주었다.

점차 갈색 눈을 가진 아이들은 열등한 사람으로 취급되었고 열등감에 사로잡혀 풀이 죽어 있었다. 운동장 구석에서 울거나 분통을 터트릴 뿐 더 이상 저항하지 않았다. 푸른 눈을 가진 아이들은 갈색 눈 아이들을 차별했고 학과 공부에 더 열성을 보였으며 매사 적극성을 보였다. 며칠 후, 상황은 역전되었다.

교사는 자신이 착각했다며 갈색 눈이 우월한 유전자를 가진 것으로 판명되었다고 고쳐주었다. 갈색 눈의 아이들이 교실 앞자리에 배치되었고, 학과 공부에서 점차 두각을 나타내었으며 당당한 리더십을 보였다. 푸른 눈이 열등한 유전형질이란 것이 밝혀졌으므로 푸른 눈을 가진 아이들이 차별당하는 것은 당연하게 인식되었다.

이후 교사는 이 세상에 그런 연구는 없다고 알려주었다. 아이들은 인종적으로 차별당하는 것이 어떤 느낌인지 뼛속까지 알게 되었고 피부색이 다르다고 차별하는 것이나 홍채 색깔이 다르다고 차별하는 것이나 다를 바 없다는 것을 교훈으로 배웠다. 이것이 제인 엘리어트Jane Elliott의 '푸른 눈과 갈색 눈' 실험으로 불리는 반인종주의 현장교육이었다.

그녀에게 교육을 받았던 그 아이들은 다 같이 화해한 날을 기념하여 담임선생님을 만나기 위해 매년 모인다. 성인이 된 아이들은 혹독했던 어린 시절 교훈으로 이후 어떠한 인종주의적 차별에도 저항할 내적 자생력을 얻게 되었다고 술회한다.

그녀는 교사연수에서도 같은 실험을 했는데, 갈색 눈 교사를 철저히 차별했다. 저항할 때마다 과학을 운운하며 열등한 유전인자라 어쩔 수 없다고 차갑게 말했다. 점차 갈색 눈 교사는 뒷자리에 앉아 엎드려 자거나 고개를 숙이고 차별을 받아들였다. 그녀의 인종실험은 결국 어른, 아이 할 것 없이 인종주의에 물들면 차별에 쉽게 저항하지 못한다는 것을 보여준다.

글쎄 우리는 인종주의와 닮아 있는 차별에 얼마나 당당할 수 있을까?

여자는 사제가 될 수 없다고 당당하게 선언해야 할까?

종북이란 말만 붙이면 쥐 잡듯 해야 할까?

성 소수자가 결혼식을 올리면 똥물을 퍼부어야 할까?

당신은 푸른 눈인가, 갈색 눈인가?

한국, 미국, 중국.
옷차림만 봐도 알아요

미국에 살면서 백인, 흑인, 남미계, 아시아인 등 다양한 민족과 자주 접하게 되었다. 각각 사는 생김새도 다르고 문화도 달라 때로는 신기하고 때로는 이해가 안 될 때도 있다. 우연히 옷차림을 보고 재미삼아 비교해 본 적이 있다.

플로리다는 'Sunshine State'라고 불릴 만큼 연중 일조시간이 많다. 세련된 차림새를 한 이들도 있고, 평상복을 입고 있어도 맵시가 좋은 이들도 있다. 그러나 한국에서 나고 자랐던 내 관심을 끈 것은 한국인, 미국인 그리고 중국인의 복식문화에 재미있는 차이가 있다는 것이다.

먼저 한국인. 유학생이든 교포든 전 세계 어디를 가나 깔끔하면서도 세련된 차림새를 하고 있다. 자연스러운 듯해도 옷이며 소품 하나하나 갖추어 입는 경향이 있다. 아열대성 기후라 후텁지근한 플로리다에서도 항상 '의관'을 반듯이 차려입는다. 중저가 티셔츠 한 장을 입어도 남루하거나 불결하게 입는 법이 없다. 가끔 깔끔해 보이는 동양인에게 한국말로 길을 묻거나 도움을 청하면 한국인일 확률이 높다.

잠시 머물렀던 조지아나 매사추세츠와는 달리, 플로리다의 남자들이 옷통을 벗고 운동을 하거나 자전거로 통학하는 모습을 자주 본다. 하나같이 건장하고 잘생겼다. 아무리 개방적인 사회라지만 아직까지 여자들이 옷통을 벗고 운동하는 것은 보지 못하였다. 또 뚱뚱하거나 몸매가

자주 웃통을 벗고 다니는 플로리다의 미국 남자들과
런닝 차림으로 다니는 중국인

좋지 않은 남자들도 웃통을 잘 벗지 않는다. 웃통을 벗은 사내들은 하나같이 야성미를 뽐내면서 앞다투어 몸매라도 자랑하듯이 거리를 활보한다. 그걸 보면서 요즘은 틈만 나면 식스팩이니 초콜릿 복근이니 하면서 웃통을 벗어대는 한국의 연예인을 떠올린다. 아마 연예인들은 심리적으로 플로리다의 아메리칸과 흡사할지도 모르겠다.

그러나 중국인의 속옷패션을 보면 한동안 입이 다물어지지 않는다. 여름이 다가오면 중국인들은 흔히 우리가 '런닝'이라고 부르는 속옷 바람으로 동네를 누빈다. 런닝 패션은 멀리서 보더라도 중국인임을 짐작할 수 있다. 심지어 양복바지에 벨트를 단정하게 매고도 윗옷은 런닝만 걸친 아저씨를 보면 물어볼 필요도 없다. 어스름 저녁에 파자마 차림으로 세차를 하는 젊은 청년이나 잠옷 바람으로 동네를 여유롭게 산책하는 얌전하게 생긴 아가씨는 중국인일 확률이 높다.

최근 우리집 아이와 친하게 지내는 중국 여자애가 긴 티셔츠에 삼각 팬티만 입고 놀이터에서 놀고 있었다. 보통 한국 엄마라면 바지나 치마를 입히는 게 일반적인데, 그 아이는 하의는 안 입고 쪼그려 앉아서 놀고 있으니 속옷이 다 보였던 것이다. 민망해서 당황한 우리 아이가,

"엄마, 쟤는 바지는 안 입고 팬티만 입고 있어. 옷 좀 입고 오라고 말해."

"그건 중국 문화야. 폐 끼치지 않는 한 남의 문화에 대해 평가하면 안 돼. 그냥 인정하는 거야."

아무렇지 않은듯 말했지만, 나 역시 놀라서 아이 엄마의 평온한 얼

굴을 쳐다볼 수가 없었다.

한 번은 지도교수의 집에 종강파티를 위해 모였을 때였다. 각자 음식을 조금씩 가져와서 같이 모여 수다를 떨며 한 학기를 재미있게 보낸 것을 축하했다. 미국 백인 학생이었던 제시는 예쁜 꽃무늬가 있는 치마를 입고는 벽에 기대 앉아서 음식을 먹고 있었다. 남녀 학생이 모인 파티에서 청초한 모습으로 무릎을 세우고 앉아있으니 팬티가 다 보여서 보기가 민망했다.

"제시, 팬티 보여."

"응, 나 팬티 입었어."

어이 없는 대답에 나의 오지랖을 저주했던 기억이 난다.

만약 같은 상황에서 제시가 후진국에서 유학 온 학생이었다면 황당한 대답에 문화적 편견이 생겼을 것이다. 그런데 미국 백인 여자 대학원생의 대답이었기 때문에 황당해 하면서도 내 편견의 잣대를 다시 한번 되돌아보게 되었다.

다양한 인종과 민족이 어우러져 사는 미국이라는 거대한 용광로에서 각 민족들은 저마다의 문화가 규정하는 대로 살아간다. 그것이 미국의 저력이 되고 때로는 미국의 문젯거리가 된다. 그러나 중요한 것은 미국적 가치를 심각하게 훼손하지 않는 이상, 누구도 웃통을 벗지 마라거나 속옷 바람으로 나다니지 마라 말할 수 없다.

이곳의 규칙이다.

할로윈 데이,
이웃끼리 정을 나눠요

중년의 한국인들에게 시월의 마지막 밤은 가수 이용이 부른 '잊혀진 계절'로 기억되는 반면, 미국에서는 아이들이 초콜릿이나 과자를 얻으러 다니는 할로윈 데이다.

할로윈이 다가오면 한 주일 전부터 할로윈 분장이나 할로윈 행사 등으로 도시 전체가 온통 들떠 있다. 캐릭터 분장과 기괴한 장식을 하고 파티를 열기도 하고, 대문이나 현관 앞을 호박으로 장식하기도 한다. 알라바마 출신인 앞집 바레트 아저씨는 호박 속을 파내 도깨비 얼굴을 조각하고 아내는 가을맞이 대청소를 하느라 분주했다.

흥겨운 며칠간의 준비와 파티가 끝나고 10월 마지막 날 할로윈 저녁이 되면 아이들은 'trick or treat!'을 외치면서 동네를 돌아다닌다. 이곳 플로리다 게인즈빌에서는 '민톤'이라는 주택가가 반짝이 전깃불과 호박 유령으로 멋들어지게 치장하고 맛있는 과자를 준비하여 아이들을 기다리는 것으로 유명하다. 그래서 많은 아이들이 사탕과 과자를 얻으며 할로윈 밤을 흥겹게 보내기 위해 민톤으로 몰려든다.

한국에서 할로윈에 대해 배웠고, 미국에서 유학생활도 해본 터라 그다지 신기하거나 어색한 느낌은 없었다. 막상 이곳에서 살면 타향이라는 생각 때문인지 이웃의 정이 그립고 미국 문화에 쉽게 동화되지 못하여 외톨이라는 생각에 사로잡히곤 한다. 그런데 아이들과 함께 과자를

1. 할로윈 복장을 갖춰입고 행사에 나서는 가족
2. 'Trick or Treat'를 외치며 사탕과 과자를 얻으러 다니는 모습
3. 이웃 바레트 아저씨는 호박 속을 파내고 안에 촛불을 켜두었다.
할로윈이 다가오면 밤에는 귀신처럼 보이는 장식을 만드는
이벤트가 열리기도 한다.

얻으러 이웃을 방문하면서 우연히 학교 선생님도 만나고 눈인사만 하고 지내던 도서관 자원봉사자도 만나 서로 안부를 물을 수 있는 기회가 되기도 한다. 미국에서는 이웃과 'Hi' 'Hello' 이상의 이야기를 건네거나 서로 방문하는 일은 드물다. 'Trick or treat'을 외치면 문을 열고 서로 이야기를 나누면서 이웃과 소통하는 계기가 되기 때문에 아직도 이 풍속이 없어지지 않고 남아있는 것 같다.

자기 돈으로 초콜릿과 과자를 사서 예쁜 바구니에 담아두고 아이들이 문을 두드릴 때마다 웃으며 'Happy Halloween, Sweetie!'하며 맞아주는 이웃이 있어 감사하다. 자기 집에 방문해 달라는 메시지를 대문에 붙여놓은 이웃들 대부분은 미국인이나 라틴계였고 아시아계는 드물었다. 인도인, 중국인, 한국인 등 아시아계는 미국 문화에 익숙지 않은 탓인지 흥겹게 소통하고 베푸는 데 어색한 것 같았다.

초콜릿 헌팅을 끝으로 할로윈을 보내고 나면 집에 과자가 산더미처럼 쌓인다. 일주일째 오가며 하나씩 먹으니 달콤한 맛과 정겨운 이웃이 떠올라 흐뭇했다. 그런데 며칠 뒤 아이 학교에서 할로윈 과자를 기부해 달라는 가정통신문이 날아왔다. 'Operation Gratitude'라는 비영리 단체가 과자를 모아서 해외에 주둔한 미군들에게 보낼 예정이라는 내용이었다. 더불어 과자를 기부할 때, '우리는 해외 파병 군인을 잊지 않고 있다'는 편지와 치약, 칫솔을 같이 기부하기를 기대한다고 적혀 있었다. 1970–80년대 국군장병 아저씨들에게 위문품과 위문편지를 쓰던 시절이 떠올랐다.

2011년 할로윈 끝자락에서 미군장병 아저씨에게 위문편지를 쓰며 우리 가족은 쓸쓸한 외국 생활을 추스르고 이름 모를 어린 미군이 황량한 해외파병을 잘 견디기를 기원했다.

'양키즈 고 홈'이라는 구호를 들으며 대학시절을 보냈던 여대생이 이제금 'Happy Halloween, sweet soldier'라고 쓰고 있는 아이러니한 현실에 웃음이 나왔다.

국회의원 이자스민 씨에게 보내는 갈채

결혼 이주여성인 이자스민 씨가 새누리당 비례대표 15번으로 국회에 입성했을 때 SNS 이용자들은 이 당선자의 국적을 빗대 조롱하는가 하면 사실을 왜곡해 가면서 비난을 퍼부었다. 이를 두고 서울대 조국 교수는 인종차별주의에 자성을 촉구했고, 진중권 교수는 그 누리꾼들을 '찌질이'로 명명했다. 지구촌 최대 순혈주의 국가인 대한민국의 부끄러운 자화상이라 씁쓸하다.

미국 내 한인들의 정계진출은 어떨까? 1992년 한국계 이민자인 김창준이 공화당을 통해 최초로 미 연방의회에 진출했다. 이후 그는 비리로 정계에서 퇴출됐다. 2009년 뉴저지 주의 최준희 시장이 연방의회 진출에 도전했으나 백인들의 텃세로 실패했다. 최 시장뿐 아니라, 몇몇 한인 정치인들도 한인끼리의 색깔론과 발목잡기로 연신 어려움을 겪었다. 그럼에도 불구하고 인종, 피부색, 성별, 언어, 종교에 상관없이 차별받지 않을 권리가 헌법에 명시돼 있어 누구도 대놓고 인종차별적 발언을 할 수 없다. 처벌받기 때문이다.

외국인이나 이민자들은 은연중에 이뤄지는 차별조차 결코 참지 않고 투쟁하면서 이민자의 나라 미국을 건설해 왔다. 미국에선 공립학교 학생들 사이에서 한국어가 여섯 번째로 많이 쓰이는 언어가 될 정도이며 한인의 수도 점차 늘어나고 있다. 그들의 의견을 대변하기 위해 연방의회에 비례대표로 1-3명을 배정하려는 움직임도 있다.

이렇게 비례대표로 의회에 진출한 한인에게 모욕적인 언사를 해대는 자가 있다면 미국 헌법은 그를 처벌하고 이후 공직임용이나 취업에서도 불이익을 주게 된다. 미국에서는 이민자의 권리를 주장하고, 한국에서는 이민자를 차별하는 한국인의 두 얼굴은 이율배반적이다. 300명 국회의원 중 단 한 명의 필리핀계 '한국인'의 존재를 참지 못하는 그 순혈주의가 한국전쟁 때 필리핀 군대의 도움은 어찌 받았는지 모를 일이다. 이 당선자는 한국인과 결혼한 뒤 귀화해 합법적으로 한국 국적을 취득했고, 매매혼 역시 사실이 아니라고 한다. 그러니 이는 단순 인신공격을 넘어 허위사실 유포 및 명예훼손이라는 범죄행위다.

여기서 관점을 달리 해보자. 만약 이자스민이 필리핀에서 초등학교만 간신히 마치고 경제적 이유 때문에 매매혼으로 한국인과 결혼했다고 치

자. 정치는 그런 사람이 할 수 없는 것인가. 아픔이 있고 경제적 약자이며 덜 배우고 매매혼으로 상처받은 영혼이 가난하고 소외받은 자들을 더 잘 이해할 수 있고 그들을 위해 노력하는 행위 그것이 정치다. '판사도 하고 나름 엘리트 코스'라고 쳐줄 수 있는 자들, '배울 만큼 배운 사람들'이니까 정치할 수 있다는 의식을 가지고 있는 한, 국회의원 당선은 잘난 자가 명품가방 하나 더 장만하는 것쯤으로 여긴다. 국회는 잘난 사람이 모여 있는 곳이 아니라 소외와 가난을 아는 사람이 서민을 위해 민생법안을 만들어야 하는 곳이다.

이자스민이 필리핀계 '한국인'으로서 문화적 다양성을 당당히 주장하기 바란다. 인종차별을 일삼는 자들을 처벌하고 공직임용이나 취업에 불이익을 주도록 법안을 마련하기를 바란다. 외국인 노동자, 결혼이주여성, 미혼모, 장애인, 동성애자, 집창촌 여성과 알바생의 고단함을 줄여 대한민국의 격을 높여주기 바란다. 자신의 상처가 가난하고 절박한 밑바닥 인생들을 위한 의정활동의 밑거름이 되기를 간절히 기원한다.

나는 기무치가 자랑스럽다

현재의 한국인들은 어린 시절부터 단일민족과 단일언어를 통한 민족주의 교육을 받았다. 그래서인지 봄에 만개한 벚꽃을 맘 편히 즐기지 못하고 벚나무는 한반도 토착종이 일본으로 건너가 일본을 상징하는 꽃이 되었다는 설명을 보태야 마음이 놓인다. 또한 우리 고유의 김치를 모방하여 일본이 '기무치'를 만들어 세계시장을 석권하는 것이 얄미울 따름이다. 그러나 이런 태도는 다문화 사회를 준비하는 시대정신으로 적절치 않아 보인다.

이곳에 살면서부터 '국제음식축제'나 '포틀럭 파티'에 가는 경우가 생겼다. 외국인이 거부감 없이 먹으면서도 내가 맛있게 요리할 수 있는 음식이 별로 없어 보통은 김밥을 준비한다. 푸른 시금치, 붉은 당근, 노란 달걀 등이 어우러져 맛과 모양이 좋은 김밥을 본 외국인은 '스시'라며 매우 반가워한다. 그럴 때면 어김 없이 같이 간 한국인 엄마들은 이건 '스시'가 아니라 '코리안 김밥'이라고 되풀이하여 강조하는 것이다. 정작 음식을 만든 나는 '코리안 스시'라고 소개하고 자세히 물어오면 '김밥'이라고 알려주며 설명을 곁들인다.

글쎄 어느 것이 더 좋은 태도인지 모르겠지만, 분명히 해야 할 점은 '한국의 김밥'은 일본강점기 때 '스시' 혹은 다른 일본 음식에 영향을 받아 현재의 모습이 되었고 그런 점에서 다문화 음식이라는 것이다.

기무치도 마찬가지다. 근래의 한국처럼 1980년대 일본의 농촌총각들은 배우자를 찾지 못해 결혼중개업체를 통해 한국 여자와 결혼을 했다. 한국에서는 가난한 여성·노처녀·이혼녀 등이 일본행 국제결혼을 선택했고, 이들은 부자나라에 시집가서 친정에 돈을 부쳐줄 것으로 기대했다. 물론 일본에서는 '돈에 팔려온 여자'라고 멸시를 당하기도 했지만

각자 음식을 한 가지씩 가지고 와서 다 같이 나눠먹는
포틀럭 파티(potluck party)나 핀리 초등학교에서 매년 여는
국제음식축제는 다양한 나라의 음식을 맛볼 수 있는 좋은 기회다.

서서히 일본 사회에 '뉴커머New comer' 한국인으로 정착했다. 배우자 자격으로 일본에 입국한 한국 여성 중 10% 가량이 야마가타 현에 살면서 지역특산품으로 '기무치'를 탄생시켰다고 한다.

기무치는 일본으로 시집간 한국의 딸들이 자신이 평소 먹던 고향음식을 기억해내며 다시 만들어낸 것이다. 거기에 매운 것을 잘 못먹는 남편과 시댁식구들의 입맛도 다소 고려했을 것이다. 이에 그치지 않고 이를 지역특산물로 만들고 나아가 기무치를 세계적인 브랜드로 만들었으니 얼마나 대견하고 자랑스러운가. 이렇듯 일본의 기무치는 한국의 김치를 베낀 것이 아니라, 우리 문화가 자연스럽게 일본 사회에 들어갔고 일본인의 입맛에 맞게 변하여 일본 음식문화의 일부가 된 것이다. 그리고 그 주역은 한국의 딸들이라는 점이다.

2009년 결혼한 10쌍 중 1쌍이 국제결혼이라는 통계는 우리 사회가 얼마나 빨리 다문화 사회로 진행 중인지 보여주는 지표다. 다문화 사회는 인종만 섞이는 것이 아니라, 새로운 문화가 기존의 한국 문화와 상호작용을 하게 되는 것이다. 그런 점에서 한국에 정착한 이주여성들이 어떤 맛있는 음식들로 우리 식탁을 풍성하게 해줄지 살짝 기대된다. 더불어 자신의 문화를 문화적 표준이라고 생각하여 타문화를 얕보는 태도는 문화적 열등감의 또 다른 표현일 뿐이다. 이로 인해 우리 사회로 유입되는 다양한 문화적 자산을 놓치지는 않을지 우려스럽다.

피천득, 아사코
그리고 진주군 장교

'금아琴兒 피천득'하면 '아사코'와의 만남과 헤어짐을 잔잔하게 그린 〈인연〉이 떠오른다. 이 수필은 교과서에 실리기도 했거니와 그 애틋한 서정 때문에 많은 이들이 오래도록 기억하는 것 같다. 얼마 전, 우연한 기회에 〈인연〉을 다시 읽으면서 아마 교민으로 먼 타국에서 살다보니 예전에는 미처 보지 못했던 부분이 눈에 들어왔다. 아사코의 남편에 관한 묘사가 그것이다.

"그 집에 들어서자 마주친 것은 백합같이 시들어가는 아사코의 얼굴이었다. … 남편은 내가 상상한 것과 같이 일본 사람도 아니고 미국 사람도 아닌, 그리고 진주군 장교라는 것을 뽐내는 것 같은 사나이였다."

아사코에 대한 식민지 청년의 연모는 청자 연적처럼 투명한 여운을 주지만, 그녀의 남편을 향한 못난 질투가 엿보였다.

피천득은 진주군 장교였던 아사코의 남편이 어떤 비극을 겪었을지 아마 상상도 못하였을 것이다. 1941년 일본이 진주만을 공격한 지 약 1시간이 지났을 무렵부터 FBI는 일본계 미국인을 체포하거나 감금하기 시작했고 이후, 연방정부는 일본 이민자들을 집단 수용소로 강제 이주시키기로 결정했다. 일본인들은 재산을 거의 헐값에 처분할 수밖에 없었고, 대부분은 중국인들이 매입했다고 한다. 일본계 은행은 파산했고 따라서 일본계 이주민들도 파산했으며 간단한 옷가지만 챙겨 수용소로 끌려갔다.

풀 한 포기 없는 사막이나 황무지 수용소에 재배치되었으며, 감시하기 편리하도록 목욕탕이나 화장실에도 문을 없앴다. 미국인들은 일본에서 출생한 이민자들은 언제든 일본 제국주의에 협력할지도 모른다고 생각했고, 그들을 잠재적 스파이로 분류하여 감금시켰다. 미국에서 태어나 미국 시민권을 가진 일본계 미국인들은 충성서약을 강요받았다. 충성서약을 거부하거나 비충성 시민으로 분류되면 감옥에 격리 수용되었고, 충성시민으로 분류된 사람들은 공장에서 노동자로 일을 시키기 위해 중부내륙 등지로 보내졌다. 캘리포니아 등에서 터전을 일구었던 12만 일본계 이주민들은 이후 다시는 재기하지 못했다.

진주만 공격 직후에는 일본계 미국인들은 적성시민으로 간주되어 군 입대가 거부되었지만 이후 충성서약을 받고 부모들을 감금 혹은 격리 시설에 수용시켜 인질로 삼은 뒤, 미국에서 태어나 미국 시민권을 가진 일본계 미국 청년들을 전투에 투입시켰다.

그들이 바로 일본계 미국인으로 구성된 442연대다. 그들은 전장에 투입되는 순간부터 타의 추종을 불허하는 전공을 세웠다. 단기간에 전체 미군 가운데 가장 훈장을 많이 받은 부대가 되었다. 사상자 비율은 순수 미군의 3배에 이르렀으며, 부상을 입고 병원에 후송된 후에도 치료가 끝나기도 전에 싸우기 위해 격전지로 나선 것으로 유명하다. 수용소에 남아 있는 가족들을 위한 것이었다.

나치의 유태인 수용소와 맞먹는 이 전쟁범죄는 거의 알려지지 않았다. 미국이 승전국이기 때문이고 일본인이 유색인종이기 때문이다. 현재까지 일본계 이주민과 일본계 미국인이 2차 대전 당시 적성행위를 한 것으로 보고된 사례는 단 한 건도 없다. 전시의 편집증과 인종적 편견이 일본계 이주민에 대한 범죄를 정당화시켰을 뿐이다. 1988년 레이건 대통령이 이에 대해 공식 사과하였으며, 이후 2010년 오바마 대통령이 다시 사과하였다. 이렇게 두 차례에 걸쳐 공식적으로 사과하는 것도 이례적이라고 한다. 재차 부끄러움을 느꼈기 때문일 터.

아사코의 남편도 광기어린 인종차별에서 간신히 살아남은 진주군 장교였을지 모른다. 피천득이 상상하는 일본인 아니면 미국인이라는 이분법적 분류와 달리, 아사코의 남편은 일본계 미국인으로서의 정체성을 가졌을 것이다. 더불어, 일본 태생의 부모 혹은 조부모는 수용소에 감금되어 있고 충성서약을 마치고 442연대에 배속되었을지 모른다. 그는 진주군 장교로 전후 일본에 배치되었을 때 비로소 안도의 한숨을 내쉬었을 것이다.

아사코와 세 번째 만났을 때 피천득이 이런 역사적 맥락을 알았더라면 좋았을 것이다. 피천득의 인종적 프레임은 강박적이고 역사적 이해는 누락되어 있다. 〈인연〉은 그 애틋한 서정에도 불구하고 구시대적 정신이 깃든 글이라고 한다면 금아에게 외람된 것일까.

미 여대생 동아리
'금발이 너무해'

길어야 60년 정도인 한국 대학과 비교하면 미국 대학은 100–400년의 긴 역사를 가지고 있어 건물이 고풍스럽고 운치가 있다. 그 중에서 헬레니즘 양식의 소로리티sorority와 프레터니티fraternity 동아리의 그리스 하우스가 줄지어 서 있는 모습은 매우 인상적이다. 영화 〈금발이 너무해legally blond〉는 미국 여대생 동아리인 소로리티 문화를 보여준다.

소로리티란 '자매애'를 추구하는 여대생 모임으로 이해하면 된다. 동네 언니, 선배 언니, 목욕탕 언니 등 '언니'라는 호칭을 붙이며 친밀한 관계를 발전시키는 한국과 달리 심플한 인간관계가 보편화된 미국 사회에서 '자매'관계를 위해 만들어진 모임이다. 대부분 중상류층 가정의 여대생이며 그래서 백인이 많고 유색인종의 비율이 매우 낮다.

그들은 '강남 스타일' 남학생들의 모임인 프레터니티 동아리 회원들과 데이트를 즐기고 사교모임을 갖는다. 자신이 참가했던 동아리에 딸을 가입시켜 모녀가 같은 멤버십을 갖기도 한다. 이 동아리에 가입하면 전미 200개가 넘는 대학의 멤버들과 평생의 인맥으로 남는다. 취업 시 선배가 동아리 후배를 우선 선발하거나 인턴기회를 우선 준다고 하니 미국에서도 인맥은 참 무섭다. 영화 〈금발이 너무해〉에서 엘 우즈의 남자친구는 프레터니티 멤버였고, 도움이 필요할 때 미국 전역에 흩어져 있는 '델타 누delta nu' 소로리티 멤버들이 뭉쳐 자매애를 발휘하는 것이 바로 그런 맥락이다.

대학교 캠퍼스에서 그리스풍의 건물에 눈에 띄는 차림새의 백인 금발 여대생들이 살고 있다면 소로리티 그리스 하우스라고 생각하면 된다. 화사한 사교 드레스를 입은 금발머리 아가씨들이 이벤트를 벌이며 까르르 웃을 때면 그리스 여신이 내려온 것 같다. 진한 '자매애'와 고급 취향으로 미국 주류 사회의 인맥을 견고히 이어간다. 그러나 상류층 아가씨들도 피해갈 수 없는 것이 있으니 바로 지역사회에 대한 봉사다. 이웃을 위해 재능을 기부하거나 모금운동을 펼치는 등 반드시 지역사회에 기여해야 한다.

플로리다 대학에서는 가을 학기가 시작하는 첫 주에 소로리티 '러시 Rush'라는 일종의 입회식 행사가 열린다. 러시는 일주일 동안 16개 소로리티 클럽을 모두 방문하고 선배들과 담소를 나누며 어느 클럽이 가장 자신에게 적합한지 결정하는 과정이다. 대학생활 동안 그리스 하우스에서 같이 기숙생활을 해야 하고 졸업 후에도 평생을 이어갈 인연이기 때문에 기존회원과 신입회원 모두 신중하게 결정하며 러시 마지막 날에는 입회 축하파티가 열린다.

미국인은 경쾌하게 만나 산뜻하게 이별한다. 만나고 헤어지는 데 묵은 감정의 덩어리가 적은 편이다. '형제자매애'란 이름하에 사교와 인맥에 몰두하는 것은 미국식 엽관주의가 고대 그리스 외피를 입고 캠퍼스에 남아 있는 것처럼 보인다. 여대생 모임 소로리티에서는 명품과시 열풍이 불고 왕따현상이 불거지고 플로리다 대학의 남학생 프레터니티 동

트리 델타 동아리의 그리스 하우스

16개 소로리티 동아리를 탐방하고 있는 예비회원들과
카이 오메가 동아리의 러시 파티

아리에서는 2012년 신입회원 신고식을 치르다 신입생이 사망하기도 하는 등 구타 문제가 발생했다. 만약 한국 대학에서 '형제자매애'를 강조하는 이런 동아리가 생긴다면 어떨까? 한국은 이미 연고주의로 인맥 쌓기, 따돌림, 얼차려, 군대문화, 패거리 의식이 과열된 사회이므로 이런 사교클럽을 대학문화로 권장하는 것은 적절치 않아 보인다.

한 방울 법칙

미국의 인종주의를 이해하기 위해선 16세기로 거슬러 올라가야 할 것 같다. 16세기 유럽 과학자들은 인간을 분류하기 시작했는데, 그 정점에 북유럽 백인을 배치하고 남유럽 백인이나 동유럽 백인 혹은 유대인을 열등한 것으로 간주했다. 물론 아프리카계 흑인은 그 인간 분류 피라미드의 최하위에 배치했다.

그런 차별을 정당화하기 위해 만들어진 것이 미국의 '한 방울 법칙 One-Drop Rule'이다. 극단적인 한 방울 법칙은 단 한 방울이라도 유색인종의 피가 섞이면 유색인종으로 취급한다는 것이지만, 법률적으로는 32분의 1보다 더 많이 유색인종의 혈통을 가지면 유색인종이고 백인으로 등록되지 못하였다.

이런 한 방울 법칙은 미국의 제 3대 대통령 제퍼슨과도 관련되어 있다. 존경받는 정치인이었던 제퍼슨은 르네상스적 인간으로 통하며 여러 분야에 박학다식한 것으로 유명하다. 그런 그가 미국 사회의 인종주의를 다룰 때 단골소재로 등장한다.

그는 아내 마르타와의 사이에서 아이를 낳았으며, 아내 마르타가 상속으로 받은 샐리라는 흑인 노예와의 사이에서도 여러 명의 아이를 낳았다. 그런데 마르타와 샐리는 한 아버지를 둔 이복자매였다. 백인이었던 마르타가 낳은 아이들과 샐리가 낳은 아이들의 운명은 달랐다. 왜냐하면 한 방울 법칙이 미국의 인종적 기준이었기 때문이다.

신분 위계를 이용하여 흑인 여성이 백인 소유주에게 성폭행을 당하는 일이 만연했고, 그로 인한 인종적 혼혈이 존재해 왔다. 역사가들은 제퍼슨의 도덕성과 고귀한 성품을 미루어 짐작할 때, 절대 흑인 노예와의 사이에서 혼혈아를 낳았을 리가 없다고 기록했다. 1998년 샐리의 후손의 DNA검사는 제퍼슨과 샐리의 관계를 입증해 냈다. 유전공학은 제퍼슨의 정치적 지도력이나 도덕적 형질보다 내밀한 성관계를 밝혀주었다.

비판적 인종이론가들이 다문화 이론을 비판할 때 자주 거론하는 것이 있다. '인종'과 '인종차별'에 대해 논의하면서 '문화'와 '문화적 차이'가 그 대체어가 되어 대부분 핵심을 비켜간다는 것이 그것이다. 흔히 우리가 '다문화 가정'이라고 할 때, 인종 간 결혼으로 이루어진 가정을 에둘러 지칭하고, '다문화 아동'이란 용어에서 인종적 특성이 가장 도드라진다. 실제로 문화적 차이보다 인종적 차이를 더 실감하면서도 문화로 에둘러 표현하는 것은 우리 마음속에도 한 방울 법칙이 작동하고 있기 때문일 것이다.

몇 해 전, 연예인 이유진이 울먹이며 자신은 스페인계 혼혈이라고 커밍아웃했다. 살아오면서 인종차별을 경험하지 못했던 이들은 그녀가 왜 기자회견 내내 눈이 퉁퉁 붓도록 눈물을 흘렸는지 실감하지 못할 수도 있고 백인계 미모를 부러워하는 또 다른 인종적 편견에 빠졌을 수도 있다. 인종적으로 우리와 다른 사람을 보면 머릿속으로는 그를 인종적으로 분류하고 혈통을 추측하면서, 입으로만 '다문화'를 말하는 것이 무슨 의미가 있을까.

한 방울 법칙이 문제가 되는 것은 우리 가족이자 이웃인 이들이 자신의 존재를 송두리째 부인하며 살아야 한다는 점이다. 우리 안의 인종주의와 싸우기 위해 어떤 이들은 '인간'에 중점을 두어 피부색을 따지지 말자고 주장한다. 미국 사회에서 백인은 '미국인'으로 연상되고 흑인은 '흑인'으로 연상된다. 이 인종주의 도식은 한국에서 순혈 한국인은 '코리안'으로 혼혈 한국인은 '튀기'로 작동한다. 이런 현실에서 눈만 뜨면 보이는 피부색을 보지 말자는 주장은 헛구호로 끝날 가능성이 매우 크다. 인종색맹이 대안이 될 수 없다면, 혼혈을 직시하고 인종주의적 사회구조를 개선하는 수밖에 없다.

내가 한국의 다문화 가정의 혼혈아동에 관한 연구를 시작하고 싶어 교육대학의 디용 교수와 토론을 하고 싶다고 편지를 보내 약속을 잡았다.

"왜 한국의 다문화 가정 혼혈아동에 관심을 갖게 되었나?"

"전 한국인으로서 나처럼 생긴 한국 사람만 만나고 접촉하고 살았는데 요즘 세계화의 추세로 인해 한국에 외국인이 늘고 국제결혼이 늘면서 혼혈아동도 증가하는 추세입니다. 기존의 인식이 조금씩 깨지고, 다문화 국제결혼 가정을 통해 두 개의 인종, 두 개의 문화, 두 개의 언어적 배경을 가진 새로운 한국인이 증가하고 있습니다. 이에 대한 교육적 준비가 필요하다고 보고 관심을 갖게 되었습니다. 미국의 다문화·다언어 관점을 배우면서 연구도 그 방향으로 하려고 합니다."

"인구 패턴이 변화하는 것은 예견된 전 지구적 현상인데 그게 그렇게 신기한가?"

"네, 아직 한국 상황에서는 최근 20년 사이에 급격하게 일어나는 현상이라 준비가 덜 되었습니다. 새로운 한국인의 탄생에 관심이 있고 그들을 다양성 관점에서 교육하기 위해 교사 연수도 필요하다고 봅니다."

"앞으로 백인은 없어질지도 몰라. 현재까지 인류의 피부색은 백인에서 흑인까지White to Black였다면 앞으로는 결국 인종 간 결혼으로 베이지색 혼혈인에서 흑인Beige to Black이 될 거야. 이제 세계는 다양성에서 수퍼 다양성 현상을 경험하기 시작했어. 아마 세계화 흐름 속에 있는 국가는 인구 변화, 즉 인종 패턴의 변화를 받아들여야 해. 전 세계의 인구 패턴이 변하고 있어."

백인 위주의 미국 사회에서 다문화 학생과 혼혈 아동을 위한 교육은 주로 다문화 교육과 이솔 교육을 담당한 소수의 교사가 맡거나 이솔 마그넷 학교가 맡았다. 그러나 디용 교수는 그런 소수의 전문가를 양성하는 대신 '모든' 교사가 다문화·다언어·이솔 교육을 받아야 한다는 대형 프로젝트를 진행 중이었다. 그 연구는 연방정부로부터 6년간 지원을 받고 있고 나 역시 지난 3년 동안 그 프로젝트Project DELTA: Developing English Language & Literacy through Teacher Achievement에서 연구조교로 일했다.

이미 캘리포니아처럼 아시아계와 남미계 학생이 백인학생 인구를 초과한 지역에서는 교육대학에서 모든 예비교사에게 다문화·다언어·이솔 교수방법론을 필수로 이수해야 한다는 움직임이 있다. 플로리다도 곧 백인 학생이 소수인종으로 전락하고 유색인종 학생이 50%를 넘기는 것은 거의 초읽기에 들어가고 있다.

한국 역시 예비교사들에게 교육심리, 교육방법, 교육철학을 교직 필수과목으로 지정하고 있듯이 다문화·다언어 교육도 필수로 이수할 필요가 있다. 다문화 아동을 교실에서 직접 지도하는 사람은 다문화 교육가가 아니라 현장의 교사이기 때문이다.

일곱번째 이야기

미국에서 생활하기

앞에서 다문화주의와 다문화 교육이라는 측면에서 미국인의 삶을 이해하는 데 초점을 두었다면, 이번에는 아들과 내가 생활 속에서 소소하게 겪은 미국 생활이야기이다. 유학생 아내에게 들은 이야기도 있고, 어느 날 한인 공동체에서 한글에 대해 세미나를 한 내용도 있다. 여행을 다녀오다 휴게소에서 느꼈던 감상도 있고, 유원지에 쓰레기통을 두어야 하나 없애야 하나 태평양 너머 남편과 전화로 다툰 이야기도 있다.

신변잡기에 가까운 주제로 미국 생활 몇 가지를 소개하였다. 우리는 거대한 혁명에서 삶의 활력을 찾고 세상을 변화시키려 하지만 실상 이 세상을 더 나은 세상으로 변화시키기 위해 조금만 더 여유롭게 조금만 다른 각도로 생각을 달리 해보는 것은 어떨까?

다른 모습, 다른 문화로 살아가는 사람들을 보면 처음에는 이상하지만 또 그 속에서 합리적인 모습을 발견하기도 하고 어눌하지만 자유로운 정신을 만나기도 한다. 인종주의 백인 위주의 미국 사회에서 다문화주의와 다문화 교육이 꽃피는 이유이기도 하다.

한국에서는 경쟁이
없다고요?

"한국인들은 개인주의에 물들지 않고 공동체 의식이 있어서 힘들 때 서로 도와주고 경쟁하지 않아도 되니까 참 좋겠어."

다문화주의를 공부하고 있는 한 미국인 친구가 어느 날 내뱉은 말이다. 한국인이 경쟁에 얼마나 시달리는데 이게 무슨 소리인가 싶었다. 덧붙여 하는 말이,

"난 한국이나 중국이 추구하는 공동체 문화를 높이 평가해. 참 배울 점이 많은 것 같아. 경쟁하지 않고 상호 협력해서 공동의 선을 추구한다는 건 우리 미국이 본받아야 할 것 같아."

한때 아시아계 남자와 사귄 적이 있던 이 친구는 아시아 문화와 꽤나 친숙하다. 처음에는 정겹게 여겨졌던 그 남자친구의 가족들이 자주 방문하는데다 예비 시어머니의 간섭이 심하고 가족끼리 돈도 서로 빌려주는 등 자신은 이해할 수 없는 문화 차이로 결국 헤어졌다고 한다. 어쨌든, 그런 개인적인 경험과 대학원에서 전공으로 배운 덕분에 백인 중산층 문화에서 자랐지만 나름 아시아 문화를 잘 이해하는 편이었다. 그런 그녀가 아시아의 공동체 문화를 오해하고 있다는 것이 무척 놀라왔다.

미국의 개인주의는 선의의 경쟁을 통해 열심히 노력하면 성공할 수 있다는 능력주의에 바탕을 두고 있다. 즉, 개인주의 사회는 개인의 능력, 노력, 선의의 경쟁, 그리고 성공에 대한 믿음이 깊이 자리 잡고 있다. 그

래서 개인주의에 바탕을 둔 문화권에서는 실패를 자신이 노력을 덜 했거나 능력이 모자라서 그렇다고 생각한다.

이와는 대조적으로 아시아의 공동체 문화에서는 공동 선善을 위해 공동체 구성원은 상호협력하고 서로 양보하면서 공동체의 목표를 추구한다. 실패에 관해서는 자주 개인의 노력이나 능력에서 원인을 찾기보다는 빽이 없어서, 인맥이 부족해서, 재수가 없어서 실패했다고 여기는 구성원이 많다. 그것도 과히 틀린 말이라고 할 수도 없는 것이 공동체 구성원으로부터 받는 스트레스가 엄청나다. "살 좀 빼라"같은 지극히 개인적인 간섭에서부터 "이제 결혼해야지" 혹은 "둘째는 언제 낳을 생각이니?" 등으로 인생의 주요한 결정까지 간섭하려 든다. 때로는 "먹고 죽은 귀신은 화색도 좋다"면서 음식을 강요하기 일쑤다.

공동체 문화의 영향력이 크고 절대적이다 보니 조직문화라는 것이 자연스럽게 자리 잡아 나간다. 조직문화에 대해 저항하거나 의문을 제기하면 '왕따' '고문관' '민폐' '자유로운 영혼' '사이코' 등으로 분류된다. 그렇기 때문에 공동체 문화권에 사는 사람들은 때로는 자신의 감정마저 타인에게 물어본다.

"나 지금 떨고 있니?"

〈모래시계〉라는 드라마에서 배우 최민수가 내뱉은 말은 오래도록 명대사로 남았다. 그러나 "내가 떨고 있는 거 너 지금 느껴지니?"도 아니고 개인주의 문화 속에서 나고 자란 이들은 그 울림을 정확히 알 수 없다. 최근에 본 〈상속자들〉이란 한국 드라마는 18세 고등학생들의 풋풋

한 사랑을 다루었다. 여기서도 고등학생인 재벌 2세 남자 주인공이 여자 주인공에게 멋있는 멘트를 날린다.

"나 너 좋아하냐?"

잠깐의 이별 후 다시 재회했을 때, 남자 주인공은 또 묻는다.

"혹시 나 너 보고 싶었냐?"

이런 대사가 통속 드라마 속에 자주 들어간다는 것은 주요 시청자가 공동체 문화를 가졌다고 보면 된다. 자신의 행동을 끊임없이 타인에게 질문하고 공동체 구성원으로부터 자신의 감정까지 확인받으려 한다.

공동체 문화의 일원으로 사는 한국인들은 알 것이다. 공동체 사회에서 벌어지는 치열한 경쟁과 부조리의 문화 말이다. 책으로 문화를 배운 미국인들은 공동체 속에서 승자가 되기 위해 타인을 밟고 올라서야 하는 전쟁터의 논리를 놓치고 있는 것 같다. 공동체의 상호협력은 리더만이 권력을 독식하는 피라미드 판매방식으로 작동한다. 가족 공동체가 장남의 학비를 충당하기 위해 누이를 공장으로 보내고 진학을 포기시키면서도 뉘우침이 없는 것도 그런 이유다. 리더를 위해 나머지 구성원은 희생을 강요당한다. 그렇기 때문에 모두 리더가 되기 위해 죽을 힘을 다한다. 평범한 구성원이 된다는 것은 평생 착취당해야 하기 때문이다. 또한, 해당 공동체에 속하지 못한 이들에게는 차별이 자행되고, 공동체 내 구성원들은 서로 도와주는 청탁이 일상화되어 있다.

그 미국인 친구는 한국 학교에서 경쟁이 얼마나 처절한지 이야기해 줘도 서로 도와주는 공동체 의식과 경쟁의 역학을 이해하지 못했다. 이처럼 미국인들은 공동체 문화에 대해 환상을 가지고 있는 경우가 있으니 저명한 학자라 할지라도 한국이나 아시아 문화에 대한 언급을 인용할 때 주의하는 것이 좋겠다.

나의 경우, 단기 연수, 석사 유학, 박사 유학을 거치면서 미국 문화에 조금씩 노출되다 보니 문화적으로도 한국과 미국 양측 문화의 영향을 다 받게 되었다. 공동체 문화와 개인주의 문화가 섞여서 때로는 절충하고 때로는 충돌하기도 한다. 며칠 전 한국에 있는 집으로 전화를 하니 늦은 시간인데도 아이 아빠는 전화를 받지 않았다. 지난 며칠간 계속된 술자리 모임 때문에 귀가가 늦어지고 건강이 위험할 지경에 이르렀다. 결국 전화 통화를 못하고 다음 날 통화를 했다. 동창모임에 가서 늦도록 놀고 새벽에 귀가했다며 피곤해서 말을 잇지 못했다.

"그렇게 피곤한데 동창모임에 또 갔어? 이 달만 해도 동창모임이 일주일에 한 번 꼴이네. 적당히 하지."

가볍게 잔소리를 늘어놓자마자 아이 아빠가 설명을 한다.

"회장이 민득이야. 민득이가 가자고 하는데 그럼 어떻게 해? 가서 잠시 앉아 있다가 오려니까 자꾸 애들이 잡아서 어쩔 수 없었어. 지금 피곤해 죽겠어."

"가서 조금 앉아 있다가 오려고 했는데 막상 가보니 은근히 재미있어서 오래 있게 됐어 라고 말해야지. 왜 수동적으로 남 탓하듯이 그렇게 말해요? 난 그런 말 정말 듣기 싫어."

"남 탓하는 게 아니라 정말로 애들이 잡았다니까. 분위기라는 게 있잖아."

"친구들이 완력으로 잡은 건 아니잖아. 당신이 결정했으면 자기가 책임을 져야지 왜 자꾸 남 핑계를 대고 그래. 자기 행동은 자기가 책임을 져야지."

아이 아빠가 무슨 이야기를 하고 싶어 하는지 알면서도 친구들이 만류해서 늦었다는 말이 가시처럼 콕 박혔다. 내 탓을 많이 하는 문화도 있고 남 탓을 많이 하는 문화도 있다는 것을 잘 알건만, 남 탓을 많이 하는 공동체 문화가 그리 좋아보이지도 않고 조직문화가 발달해서 청탁이 많고 자신과 다른 타인에게 간섭이 많은 공동체주의 한국 사회가 조금은 걱정스럽다.

개인주의 문화는 심리적 요인에 초점을 맞추다보니 사회·문화적 맥락을 경시하는 측면이 있고 공동체 문화는 개인의 책임보다는 사회·문화적 상황을 강조하는 경향이 있다. 두 상이한 문화의 영향을 받다보니 가끔 내가 평안히 깃들 수 있는 곳이 어디인지 모르겠다.

단위가 달라서
어리둥절해요

미국에 도착하면 당장 필요한 것 중 한 가지는 운전면허증이다. 미국 플로리다를 비롯하여 몇몇 주에서는 한국의 운전면허증으로 바로 운전면허증을 신청, 발급받을 수 있다. 그러나 한국 운전면허증을 가지고 미국 운전면허계에 가서 면허증을 신청하면서부터 문화 차이를 피부로 느끼게 된다. 사용하는 단위가 다르기 때문이다.

시력검사를 간단히 마치고 나면 면허계 직원에게 신장과 체중을 알려주어야 한다.

"160㎝에 45㎏입니다."

그러자 직원은 나를 빤히 쳐다보더니 다시 말해보라고 했다. 당시 나의 몸무게는 43㎏이었는데 45㎏라고 말했기 때문에 거짓말이 탄로 났다고 생각하고 솔직하게 고백했다.

"160㎝에 43㎏."

알고 보니 키는 피트나 인치로, 몸무게는 파운드로 말해야 했다. 내가 그 단위로는 모르니 남에게 내 키와 몸무게를 적어달라고 부탁하는 희한한 일이 벌어졌고 담당자가 적당히 적어 넣었다. 나는 아직도 내 키와 몸무게를 미국 단위로 얼마인지 모른다.

단위 때문에 어리둥절한 건 이게 끝이 아니다. 내가 처음 플로리다에 도착한 것이 2011년 1월이었는데 날씨가 아주 따뜻하여 길거리에 반소매 반바지를 입고 조깅을 하는 사람들도 많았다. 나도 입고 갔던 재킷을 벗고 청바지와 티셔츠만 입고 활동해도 될 정도였다. 그런데 며칠 후, 갑자기 기온이 떨어지더니 밤새 내린 이슬에 자동차 앞 유리가 얼어붙었다. 새벽에 물을 데워서 얼음을 녹이기 전까지는 아이를 학교에 데려다 줄

수가 없을 정도였다. 플로리다 날씨답지 않게 유독 추운 날씨가 한 달간 계속되었다. 다음날 날씨를 체크했더니 35℉ 이런 식으로 온도가 나와 있어 도저히 감을 잡을 수 없었다. 평생을 섭씨온도에 익숙해진 탓인지 화씨 35도가 따뜻한 것인지 추운 것인지 알 수가 없었다.

32℉는 0℃라는 것을 기본적으로 알아야 한다. 그러니 35℉ 정도면 플로리다의 겨울날씨로는 아주 추운 편에 해당한다. 그래서 나만의 온도 기준을 만들었다.

32℉=0℃ : 이 정도면 아주 추운 날씨다!

50℉=10℃ : 50도 미만일 경우 좀 추운 날씨이니 재킷을 챙겨 입어야 함

70℉=21℃ : 70도 이상이면 따뜻한 날씨이므로 가벼운 옷차림도 무방함

80℉=26℃ : 이 정도면 반소매를 입어야 함

90℉=32℃ : 90도가 넘어가면 더위에 조심해야 함

에어컨 온도는 보통 75℉~80℉ 사이에 맞춰둔다. 32℉, 50℉, 70℉, 80℉, 90℉, 이 다섯 기준을 정해두고 온도를 파악한다. 뉴욕이나 필라델피아처럼 날씨가 추운 지역에서라면 아마 다른 기준을 가져야 할 것이다. 화씨로 표현된 온도를 보면 추운지, 더운지 감이 오지 않아 갑자기 바보가 된 느낌도 들고 머릿속이 멈춰진 것같이 느껴진다.

거리단위도 다르다. 한국에서는 거리단위로 킬로미터㎞를 사용하지만, 미국은 마일mile을 쓴다. 초행길일 때는 주로 내비게이션을 이용하는

편인데 마일과 피트로 안내를 한다. 목적지를 찍어 넣으면 총 거리는 95 마일이고 50피트 앞에서 좌회전한 뒤, 6마일 직진하라는 식이다.

그래서 내비게이션을 킬로미터로 설정해 두었더니 거리에 대한 감을 잡는 데 도움이 되었다. 하지만 거리의 이정표는 모두 마일로 표시돼 있는데 내비게이션만 킬로미터로 안내를 해주니 머릿속이 혼란스러워져서 다시 마일로 바꿔야만 했다. 이 세상이 모두 미터법을 쓰는데 왜 마일을 사용하냐고 어디다 하소연할 데도 없었다.

2012년 여름, 친척을 만나기 위해 캐나다를 방문했다. 어차피 공항에서 자동차는 렌트를 해야겠지만 내비게이션 대여료를 아껴야겠다 싶어 내가 쓰던 내비게이션을 수건에 싸 가지고 갔다. 미국 시애틀 공항에서 내려 자동차를 빌려 캐나다로 넘어갔다. 같은 북미권에 있어 비슷한 줄 알았던 캐나다는 킬로미터를 사용하고 있었다. 캐나다에 머물며 여행하는 동안 내비게이션을 킬로미터로 변경해서 사용했다. 뿐만 아니라, 마트에 가도 무게가 파운드와 온스로 표기되어 있어 파운드 당 1.99달러가 비싼 것인지 싼 것인지 오래도록 어리둥절했다.

아들이 처음 미국 학교에 등록했을 때를 돌이켜 생각해 보면, 한국 수학과 달리 미국 4학년과 5학년 수학에서는 단위환산이라는 단원이 있어 꽤 오랫동안 연습을 시키는 것 같았다. 한국은 미터법에 근거한 메트릭metric 단위를 사용하기 때문에 편리하고 단위환산이라는 것이 기껏해야 그램g에서 1,000배를 하면 킬로그램㎏이 된다는 정도다. 그러나 미국은 인치, 피트, 야드, 파운드, 온스 같은 커스터머리customary를 주로 쓰고 메트릭metric도 함께 쓰기 때문에 수학 과목의 일부를 할애하여 이두 단위를 환산하는 법을 가르친다.

한국 문화에서 자랐고 미국 학교에서 그렇게 배운 덕분인지 중학생인 아들 녀석은 단위도 왔다 갔다 하며 환산을 아주 잘한다. 한국어와 영어를 쉽게 전환해 사용하듯 파운드, 온스, 킬로그램, 야드, 피트, 마일, 센티미터, 킬로미터, 섭씨, 화씨와 같은 다양한 단위에 별 거부감이 없다.

"엄마, 그냥 받아들이세요."

아들은 대수롭지 않게 넘기는데 나는 영 어색하고 서툴기만 하다. 단위체계가 달라지면 자신이 알고 있던 것들이 모두 쓸모없어지는 느낌도 들고 이상한 단위를 쓰는 미국 사회가 미워지기도 한다.

살인적인 미국의
의료비와 의료보험

미국에 살면서 가장 걱정스러운 것은 가족이 아파서 병원신세를 지게되지나 않을까 하는 것이다. 한국이건 어디서건 가족 중 환자가 생기면마음걱정에 경제적 압박이 큰 것은 당연하지만, 의료비가 살인적으로비싼 미국에서는 작은 질병도 사망선고처럼 느껴진다. 개인이 파산하는 이유 중 가장 큰 것이 의료비 때문이라고 하니 '아프면 죽어야지'하는 말이 농담처럼 들리지 않는다. 전 국민 건강보험시대로 들어서고, 전 국민을 대상으로 건강검진 정책을 실시하는 의료복지국가인 대한민국 국민으로 살다가 외국인 신분으로 미국에서 사는 것은 몸이 아플 때 더욱 서럽게 여겨진다.

이곳에서 비싼 의료비에 고생 꽤나 했던 지인들 이야기를 해볼까 한다.

어느 초여름 아이를 데리고 근처 수영장에서 만난 재희 엄마의 이야기부터 해보자. 유학생 남편을 따라와서 미국에서 아이 둘을 낳았는데, 첫 아이를 낳고 나서 그 다음날부터 며칠 간 계속 울었다고 한다. 그 이야기를 듣고 '분만 후에는 호르몬의 작용 때문에 우울해서 자꾸 눈물이 난대요'라고 했더니, 그게 아니란다.

돈이 없어서 3백만 원대의 의료보험을 사지 못한 채, 임신이 되어 보험 없이 아이를 낳기로 했단다. 그래서 병원비를 줄일 계획으로 딱 하루만 입원해서 아이를 낳고 그날로 바로 퇴원하는 계획을 세웠다고 한다. 그런데 토요일 입원하여 일요일 새벽에 출산했다. 일요일이라서 의료진이 충분하지 않아 시민권자인 아이의 건강검진이 자꾸 연기되는 바람에 하루 더 입원하게 되었다는 것이다. 보통 1~2일에 걸친 출산비용은 약 천만 원가량인데 일요일이 끼는 바람에 병원비가 더 늘어날 것이 걱정되어 그 충격으로 출산 후 내리 사흘을 울었다고 한다. 나중에는 병원비는 깎을 수 있으니 제발 울지 말라고 간호사가 위로해주었고 사회복지사와 병원의 도움으로 병원비를 할인받았다고 덧붙였다.

다음은 가난한 유학생의 아내로 10년을 보낸 형미 씨의 이야기. 소화불량과 속쓰림이 심해 위내시경 진료라도 한 번 받아보고 싶어서 알아봤더니 비용이 약 백만 원가량이라는 말에 돌아섰다고 한다. 한국에서는 국가에서 무료로 수면 내시경까지 공짜로 받을 수 있는데 미국에서는 내시경 검사는 수술실에서 의료진과 간호사 2명의 입회하에 이루어지며, 일종의 수술로 간주되기 때문에 비용이 비싸다는 것이다. 형미 씨의 남편은 학위를 받고 연구원으로 취직도 보장받아 곧 귀국할 예정이다. 그녀는 10만원 안팎으로 검사를 받고 소화불량 약을 처방받을 날을 손꼽아 기다린다며 환하게 웃었다.

"병원에서 귀족 대접 안 해줘도 좋으니 병원비나 좀 깎아주지! 미국 병원은 어찌나 친절한지 한국 병원에 익숙해서인지 몸 둘 바를 모르겠더라고요. 북적대고 싼값에 치료받을 수 있는 한국 병원이 좋아요."

마지막 사례는 의료보험을 가진 경우다. 대학원에 재학 중인 한 유학생 부부는 첫돌을 갓 넘긴 딸아이한국 국적가 있었는데, 폐렴으로 한 달간 입원하였다. 보험처리가 되는 병원비를 넘어선 금액은 환자 측에서 부담해야 한다. 그 금액이 몇 천만 원을 넘어서자 어쩔 수 없이 학업을 중단하고 한국으로 귀국해야만 했다. 그 빚을 갚느라 다시는 미국으로 돌아가지 못하였다. 사랑하는 딸을 살렸지만, 한국이라면 백만 원 남짓 나왔을 병원비가 보험처리가 된 액수까지 합하면 1억이 넘는다고 한다.

폐렴으로 가정경제가 파산하고 학업을 마치지 못하여 인생이 달라진 경우다. 아이 아빠는 현재 학원에서 영어를 가르치고 있으며 한국의 국민건강보험 전도사가 되어 있다.

미국에서는 정말 조금만 아파도 병원비도 무섭고 진료절차도 길어서 여간 불편한 게 아니다. 미국인 중에는 감기 걸린 사람을 저승사자 보듯이 얼굴을 외면하거나 바이러스가 옮을까봐 자기 코와 입을 가리는 걸 가끔 보게 된다. 처음에 '인정머리 없이 야박한 미국인' 쯤으로 생각할 수도 있지만, 미국 의료시스템을 알게 되면 이해하게 된다.

우리 집 아이만 하더라도 7학년 때 스쿨버스를 타고 등교하는 길에 멀미를 한 탓인지 학교에 도착하자마자 구토를 한 적이 있다. 학교 간호실의 간호사가 나에게 전화를 해서 아이를 조퇴시키러 당장 오라는 것이었다. 아이의 상태를 알고 싶어 전화를 바꿔달라고 했다.

"속은 어때?"

"토 했더니 이젠 괜찮아요. 이젠 속이 편해요. 그런데 집에 안가고 학교에 있고 싶은데 간호사 선생님한테 말 좀 해줘."

다시 간호사에게 아이가 많이 좋아져서 학교에서 공부하기를 원한다고 했더니 절대 안 된다고 말했다. 이게 단순 멀미일 수도 있지만, 다른 병균에 의한 감염일 수 있기 때문에 다른 학생에게 전염을 시킬 수도 있으니 집으로 데리고 가서 이상이 없으면 내일은 등교해도 된다고 했다. 할 수 없이 아이를 조퇴시키러 학교에 갔다.

간호사가 거의 우주인처럼 희한한 차림으로 있어서 이상하다고 생각했지만 대수롭지 않게 여기고 집으로 돌아왔다. 집에서 아이에게 이야기를 들으니, 아이가 구토를 하자 간호실에 아이를 격리시키고 자신도 급히 의료용 장갑을 끼고 얼굴에 마스크를 착용하고 머리에는 의료용 모자를 쓰고 첨단 실험실에 어울릴 것 같은 가운과 바지를 입더란다. 갑자기 흰 우주복을 입은 우주인처럼 변신했다는 것이다. 학교에서 토한 번 했더니 완전히 전염병 환자 취급을 해서 엄마가 올 때까지 눈치가 보여 가시방석 같았다는 아이를 달래주었다.

"엄마, 미국 학교에서는 토를 한 학생이 제일 차별받는 거 같아."

"다른 학생들의 건강을 위협하면 안 되니까 그렇지. 너도 다른 아이들한테 이상한 병 옮고 싶지 않잖아. 그치?"

순식간에 흰색 우주인으로 변신하던 간호사에게 두어 번 상처를 받은 후, 아들은 웬만하면 간호실로 가지 않고 화장실에서 아무도 없는 것을 확인하고 혼자 토를 하거나 아토피가 심해지면 찬물로 세수를 하며 달랬다. 학교에서 우리 아이 둘이 가장 싫어하는 교직원이 우주인 간호사다. 그만큼 미국인들이 한국인들보다 건강과 전염병에 더 많이 신경 쓰는 것 같다.

한국의 건강보험이 재정난에 부딪혔다고 한다. 한국인도 나태한 생활습관을 가졌다거나 의료과용으로 건강보험 체계가 망가진다면 미국처럼 위내시경을 백만 원, 폐렴 치료로 1억 원을 지불해야 할 날이 올지도 모른다. 게다가 미국처럼 의료 민영화를 한다고 하니 겁이 난다. 덜

친절해도 빠르게 진료받을 수 있으면서도 싼 가격에 의료수준도 높은
한국의 동네병원이 사라지지 않기를 기도한다.

참전용사회와 현충일

이곳 미국에서는 5월 마지막 주 월요일은 현충일에 해당하는 메모리얼
데이Memorial Day다. 메모리얼 데이에는 각지에서 다양한 기념행사가 열
리는데, 2011년 5월 30일에는 플로리다 주에 위치한 게인즈빌의 8번 애
브뉴를 따라 전쟁에서 사망한 군인의 이름과 사망일 및 나이 등이 적
힌 묘비 모양의 설치물이 몇 킬로에 걸쳐 전시되었다. 지나던 길에 '게인
즈빌 14지부Gainesville Chapter 14'라고 적힌 작은 안내소에 차를 세우고 잠
시 이야기를 나누게 되었다.

   자신의 이름을 스코트라고 밝힌 한 노병은 두꺼운 전몰자 명단을 보
여주며 혹시 아는 사망군인이 있다면 그를 추억할 수 있도록 묘비가 있
는 위치로 안내하여 주겠다고 했다. 맞은편에 간간히 추모하는 이들이
애도를 표하고 있다. 스코트 할아버지는 메모리얼 데이는 전몰 군인을
추모하는 것으로 끝나서는 안 된다고 강조하며, 전쟁이 얼마나 끔찍하
고 어리석은 것인지 알려 주기 위해 노력한다고 덧붙였다. 살아남은 참
전용사들의 모임의 로고도 평화를 상징하는 비둘기이고 슬로건도 '평화

를 갈망하는 참전용사들Veterans for Peace'이다.

친절하게도 도로를 따라 걸어가며 이런 저런 이야기를 들려주었다. 내가 코리아에서 왔다고 하자 한국에 관한 이야기를 했다. 한국전쟁 당시 미군이 민간인을 대량 학살했다는 주장이 제기되어 '평화를 갈망하는 참전용사들'이 조사단을 파견하여 진상을 조사했다고 했다. 미군이 저지른 불편한 진실을 드러낼 수 있을 때 화해가 가능하고 진정한 평화가 온다면서 그것이 5월 메모리얼 데이의 진정한 의미라고 덧붙인다.

오바마 정부의 2011년 연방 예산안에서 군사비가 약 59%를 차지한다는 현수막에는 '전쟁이 우리에게 경제적으로 도움이 될까?How is the war economy working for you'라는 질문이 있었다. 이어 거리를 따라 1킬로가 넘게 전시물이 게시되어 방문자들에게 전쟁의 교훈을 가르친다. 한 포스터는 폭탄을 한 개 투하할 때마다 대학생 100명에게 줄 1년 치 장학금이 사라진다고 실려 있었다. 또한 이라크 어린이들이 전쟁 고아로 내몰리는 사진과 '전쟁에 참전한 아들을 돌려 달라'는 아버지의 1인 시위 사진도 전시되어 있다.

당신은 미국을 위해 싸우면서 청춘의 소중한 날들을 희생했는데, 전쟁을 부정하고 참전용사들이 자행한 비극에 대해 이야기하는 이런 포스터가 불편하지 않은지 물었다. 전쟁에 참전해서 직접 눈으로 보았기에 어리석은 선택을 하기보다 고결해지고 싶다고 했다.

미국이 많은 전쟁과 연관된 현 상황에서 고결한 미국인이 많아지기를 기대하며 한국의 현충일을 떠올렸다. 현충일은 조국을 위해 희생한

연방 예산안에서 6%가 의료보건 비용인 반면, 59%가 국방비라는 현수막과 폭탄 한 개를 떨어뜨릴 때마다 대학생 100명의 장학금이 날아가고 세금이 늘어난다고 설명하는 포스터

"엄마는 너를 미친듯이 그리워 하고 있단다."라고 적힌
전몰자 묘비 기념물

순국영령과 전몰 장병을 기리고 그들의 명복을 비는 날이다. 그러나 이제는 더 나아가, 대한민국이 파병한 전쟁들이 얼마나 어리석은지, 어떻게 하면 우리가 좀 더 고결해 질 수 있는지 생각해 보는 날이 되었으면 한다.

베트남 전쟁에서 용맹한 우리 군인이 저지른 민간학살과 베트남 여인이 낳은 라이 따이한에 대한 책임을 통감하는 날이 된다면 우리는 좀 더 고결해 질 수 있을 것이다. 그것이 6월 6일 대한민국 현충일의 현 주소이기를 기대한다.

한글날 단상

플로리다 한인 공동체의 한 분이 제안하여 한글날에 한글이야기를 해보는 교민들의 작은 세미나가 열렸다. 요지는 우리글이 과학적이고 위대하다고 하는데 외국인에게 잘 설명을 할 수 없으니 같이 알아보자는 내용도 포함되었다.

사물의 온갖 소리를 우리 한글로는 모두 다 적을 수 있다는 것이 가장 큰 장점으로 거론되었다. 또한, 영어는 '신사'라는 뜻을 가진 단어는 'gentleman'으로 쓰고 '젠틀맨' '젠틀먼' '제늘먼' 등으로 발음하지만, 한글은 소리 나는 대로 쓰고 쓰인 대로 읽으면 된다. 그래서 똑똑한 자는 한나절이면 배울 수 있다고 한다. 또 한 참석자는 세계의 수많은 위정자들이 있지만, 군주가 직접 문자를 만들어서 반포한 나라는 없지 않으냐며 미국인들에게 자랑한다는 이야기도 덧붙였다. 그러나 이는 한글의 위대성을 뒷받침하는 논거로는 부적당하다는 것이 내 생각이다.

첫째, 사물의 온갖 소리를 다 적을 수 있다하나 그것은 착각이다. 사람은 모국어 속에 있는 '음소'의 망을 통해서만 소리를 인지할 수 있기 때문이다. 일례로 영어의 the, zoo, friend와 같은 단어를 '더' '주' '프랜드' 등으로 표기하지만 모두 틀린 표기다. 즉, 온갖 소리를 다 적을 수 있는 것이 아님에도 불구하고 한국인이 그렇다고 믿는 것이다. 한글이 소리글자이기에 쉽게 표기할 수 있다는 말은 맞으나, 알파벳을 사용하는 모든 소리글자는 기본적으로 음을 비슷하게 따라 적을 수 있으니 한글만의 오롯한 특징은 아니다.

둘째, 영어의 알파벳과는 달리 한글은 적힌 대로 읽고 소리 나는 대로 쓴다는 것도 실상과 조금 다르다. 영어 알파벳은 4-5천 년 전 페니키아 문자에서 시작되었고 긴 세월을 거치면서 문자와 소리와의 관계에 괴리가 생긴 것이다. 그에 비하면 한글은 문자 역사에서 6백 년밖에 안 된 따끈따끈한 신상품에 해당되므로 글자와 소리의 괴리가 깊지 않은 것이다. 그러나 '굳이' '닭' '젊다' '글자' 등이 '구지' '닥' '점따' '글짜'로 발음되는 것만 보아도 글자 대로 발음되는 것은 아니다. 한국인은 한글에 이미 익숙해져 있어서 쓰인 대로 읽는다고 믿는다. 그러나 외국인이 보면 그런 주장은 설득력이 없다. 다만, 영어만큼 괴리가 크지 않다고 해야 옳다.

셋째, 글자 체계가 간단하면서도 과학적이라 아둔한 자라도 금방 배운다는 주장도 현실과 거리가 멀다. 내가 가르친 한 아랍 학생의 경우 몇 달이 지났는데도 'ㄹ'의 방향을 거꾸로 쓰는 등 별 진전을 보이지 않았다. 그래서 나무랬더니 '외국인이 배우기에는 참 복잡하다. 왜 한국인들은 과학적이고 쉽다고 하는지 모르겠다'며 불평하였다. 또 한 번은 한국의 하야리아 미군부대에 있던 학교의 교사와 매주 만나 스터디를 한 적이 있는데, 그 분은 한국어는 몰라도 한글은 배워야겠다는 생각에 익히기 시작하여 읽고 쓰는 데 2년이 걸렸다고 했다. 외국인에게 우리 한글은 과학적이라 배우기 쉬우니 하루 만에 배울 수 있다고 말하는 것은 맞지 않다.

마지막으로 군주가 창제했다는 것은 한글이 위대하다는 주장의 근거가 되지 못한다. 더하여, 이미 소리글자를 가지고 있던 문화권에서는 군주가 문자를 창제할 필요도 없다. 티베트나 몽골에서도 한국보다 훨씬 앞서 군주가 문자 제정을 주도한 경우가 종종 있었다는 것도 인지할 필요가 있다.

이 글은 한글의 우수성을 폄하하고자 하는 것이 아니다. 빈약한 언어학적 논리로 접근한다면 문화의 용광로와 같은 미국 사회에서 한국인은 한글에 대해 컬트적 숭배를 하고 있는 것으로 오해받을 수도 있다. 실제로 미국 언어학자가 쓴 언어학 서적에서 한국인의 한글에 대한 맹목을 지적하며 불편한 속내를 드러낸 구절을 읽은 적이 있다. 외국인이 한글을 주제로 이야기를 꺼낼 때마다 한국인이 막무가내로 자랑만 한다면 한국인과 마음 상할 각오가 아니라면 한글에 대해서는 칭찬 이외의 말은 아예 꺼낼 수가 없을 것이다.

한글이 한국어를 표기하는 문자체계이지만, 한국어와 한글은 엄연히 다른 것이다. 그런데도 한글이 위대하기 때문에 한국어도 위대하다는 말도 자주 하는데, 이는 논리적으로도 틀린 말이다. 타언어보다 한국어가 더 위대하다는 발상도 언어우월주의에 가까워 다문화 사회의 일원으로 더불어 사는 데 적절해 보이지 않는다.

또한 찌아찌아어*를 표기하는 문자로 한글을 찌아찌아 부족에게 전수한 점에 대해서도 인류복지라는 측면에서 접근할 필요가 있으며 문화적 점령군처럼 우월성을 드러내는 것은 그 민족에 대한 예의가 아니다. 다만 한글과 한국어는 한국인의 소중한 자산이며 우리의 정체성을 구성하는 중요한 요소라는 시각으로 접근할 필요가 있다.

한글이 가진 장점을 문화다양성과 인류복지를 위해 어떻게 기여할수 있을까를 생각해 보는 것이 좋겠다.**

||||||||||||

* 인도네시아 부톤 섬의 바우바우 시에서 쓰는 언어 중 하나다. 소수 부족인 찌아찌아족이 쓰는 언어다. '아니오'라는 말의 찌아에서 왔다.

** 이 글을 쓰면서 가장 마음에 걸렸던 것은 한국어의 미래가 그리 밝지 못하다는 점이다. 앞으로 몇 백 년 후 한국어를 사용하는 인구가 얼마나 될지 장담할 수 없고 영어, 스페인어, 중국어, 아랍어 이외의 언어들은 22세기에 거의 살아남지 못하리라는 전망도 있다. 특히 글로벌 언어로서 영어의 위력은 소수언어의 생존을 위협하는 지경에 이르렀다. 어쩌면 한글과 한국어에 대한 언어민족주의적 자부심이 한국어를 더 오래 지킬 수 있는 방어막이 되지 않을까하는 생각을 해본다.

시내버스에는
자전거 거치대가 있어요

미국인들은 자동차를 흔히 '신발'에 비유한다. 신발 없이는 외출을 할
수 없듯이 자동차가 없으면 다닐 수가 없기 때문이다.

대중교통이 발달한 대도시가 아니면 미국인의 생활은 공간적으로 넉
넉하고 마음도 여유롭지만 자동차가 없으면 오도 가도 못하고 발이 묶
여 집은 그야말로 '창살 없는 감옥'이나 '유배지'가 되기 딱 좋다. 그래
서 중산층 가정의 차고는 보통 자동차 2대와 자전거 1-2대를 둘 수 있
도록 설계한다. 학생이나 가난한 이들뿐만 아니라, 자동차를 2대씩 소
유한 중산층 가정에서도 자전거는 흔한 이동수단이다. 즉, 자동차가 등
산화나 운동화에 비유될 수 있다면, 자전거는 샌들이나 가벼운 단화 쯤
된다고나 할까. 자전거는 환경친화적 이동수단으로 건강에도 좋고 기
동성이 좋기 때문에 자동차가 있는 중산층 가정에서도 많이 이용되고
있는 것이다.

한국의 여러 지방자치단체들도 도시환경을 고려하여 자전거를 보급
하려고 노력한다. 대표적인 예가 자전거 도시 모델을 추진하고 있는 창
원시다. 창원시는 지형이 평지를 이루고 있어 자전거 전용도로 등도 꽤
나 갖추고 있고 주민센터에서 신분증을 제시하면 언제든지 자전거를 빌
릴 수 있어 주민들은 가까운 거리는 편리하게 자전거를 이용할 수 있다.
그러나 대표적인 자전거 도시 창원에서도 10㎞씩 되는 거리를 자전거로

플로리다 게인즈빌에서 운행되는 시내버스
앞부분에 자전거를 올려둘 수 있는 거치대가
2개씩 달려 있다.

이동할라치면 여러 가지 어려움이 따르는데, 입지조건이나 도로사정이 더 불리한 지역에서는 자전거 이용자들의 애로사항이 더 많을 것이다.

가장 먼저 떠오르는 것이 자전거 전용도로의 부족이다. 많은 미국 도시들이 그렇듯이 내가 살고 있는 게인즈빌도 도로가 넓고 반듯하게 잘 관리가 되어 있지만 모든 도로에 자전거 전용도로가 따로 마련되어 있는 것은 아니다. 사실 도시 전역에 자전거 전용도로를 마련하는 것이 그리 쉬운 일은 아닐 것이다. 더구나 부산과 같이 도로 여건이 열악한 대도시에 자전거 전용도로를 마련하려면 예산도 많이 들거니와 비용대비 실효성도 의심스러워 선뜻 시행하기 어려울 것이다.

이곳 플로리다에는 시내버스에 자전거 거치대를 설치해 두고 자전거 이용자들이 중간에 대중교통과 연계하기 쉽도록 배려하고 있다. 자전거 이용자들은 버스에 타기 전에 자전거를 거치대에 걸어두고 탑승하고 버스 정류소에 하차하면 자신의 목적지까지 다시 자전거를 타고 간다. 버스 앞에 달린 자전거 거치대를 내려 자전거를 위치시키고 바를 걸치면 저절로 고정된다. 고작 2~3초면 고정시킬 수 있어 교통흐름에 방해도 안 되니 대도시에서도 벤치마킹해 볼 만한 아이디어다.

한국의 도시들도 대중교통수단에 자전거 거치대를 설치하여 이용자들의 애로점을 조금씩 줄인다면 시민들의 적극적인 참여를 끌어낼 수 있을 것이다. 환경친화적인 녹색도시를 만들기 위해 시내버스 자전거 보관대 설치를 검토해 보는 건 어떨까?

'정숙'과 거리가 먼
미국 도서관 문화

나는 어린 시절에 책을 많이 읽지 못했다. 책이 귀하기도 했고 도서관에서 분실과 훼손을 염려해서 잘 대출해 주지 않아서였다. 중·고등학교 시절 어쩌다 손에 들어온 책이라도 읽을라치면, 공부는 안하고 쓸데없는 이야기책을 읽는다고 부모님께 호통을 들었다. 학교에서는 야간 자율학습 시간에 몰래 읽다가 선생님께 압수를 당하기도 했다. 고등학교 도서관은 학교의 우등생들끼리 모여 자습을 했고, 대학 도서관에서는 시험과 취업을 준비했다. 조용히 책을 보고 공부하는 데 익숙해져 산만한 곳에서는 집중이 되지 않았다.

근래 들어 한국에서는 읽기 교육이 점차 생활화되어 아이들이 도서관과 친숙해지고 있다. 나도 종종 아들을 데리고 공공도서관에 가곤 했다. 미국에 도착한지 일주일도 되지 않아 아들에게 도서관 카드를 만들어주고 자주 데려갔다. 나는 공부분량이 많아 아이와 놀아주지도 못하는데 아이는 같이 놀 친구가 없어 심심해 할 때면 공공도서관 어린이실로 갔다.

나는 대학원 과제를 하고 아들은 이곳저곳을 탐색하며 2시간 정도를 보낼 수 있었다. 미국에 도착했을 당시 아들은 4학년이었지만 영어가 서툴러서 유치원 아이들 그림책이나 초등학교 1학년 동화책을 읽었다. 도서관 직원에게 부탁하면 한국어와 영어로 쓰인 바이링구얼 도서도 찾아주었다. 또한 색칠하기, 요요 돌리기, 스토리텔링, 크레프트, 스파게티 만들기, 타로카드 점성술, 마술 쇼와 저글링 등 도서관과 그다지 관계가 있을 것 같지 않은 재미있는 이벤트들이 많아 어린이가 책이 있는 도서관을 자주 이용하도록 유도했다.

일주일에 적게는 두 번, 많게는 여섯 번 정도를 도서관에서 그렇게 시간을 보냈다. 미국 유학생에게 시집와서 5살 난 아이를 키우는 같은 학과의 친구는 최근 한국에 갔다가 대학 친구들 집을 방문하고는 집집마다 책이 많아서 깜짝 놀랐다고 했다. 물론 책이 많은 것은 좋은 일이지만 도서관에 가서 빌려 읽으면 되지 좁은 아파트에 살면서 책으로 집을 채우고 있는지 모르겠다고 했다. 우리 아이만 해도 더 많은 책을 사주었던 한국에서보다 미국에서 책과 더 친숙하고 더 많이 읽는다. 도서관 이용이 편리하기 때문이다.

아이들의 도서관 문화를 통해 그들의 읽기교육을 잠시 엿보기로 하자.

먼저, 플로리다주의 게인즈빌에는 인구수에 비해 도서관이 많고 다니기도 쉽다. 일반적으로 한국의 도서관이 보유한 장서수가 훨씬 많고 자료가 풍부한 것 같지만, 책이 오래되고 낡은 것도 상당수다.

그러나 미국 도서관에는 중요한 자료일 경우를 빼고는 심하게 훼손되었거나 냄새나는 책들은 상대적으로 적은 것 같다. 신간 도서가 끊임없이 많이 들어오고 낡아서 매력도가 떨어지는 책들은 도서박람회에서 시민들에게 싸게 파는 행사를 벌인다. 도서박람회 마지막 날은 책이나 게임세트를 개당 10센트약 110원 정도에 팔기 때문에 사람들이 많이 이용한다.

나도 아이와 함께 한두 번 샀지만 나중에는 그마저도 사지 않고 도서관을 이용했다. 길게는 세 달까지 몇 백 권이라도 빌릴 수 있어 때로는 동화책과 비디오테이프, 교육용 DVD를 차 트렁크에 한 가득 빌려와 아이 방에 있는 책장 가득 꽂아 두었다가 두 달 뒤 반납한 적도 있다. 〈미션임파서블 3〉 〈어벤져스〉 〈덤 앤 더머〉 같은 미국 영화는 물론이고 〈최종병기 활〉 〈시〉 〈좋은 놈 나쁜 놈 이상한 놈〉 〈만추〉 같은 한국 영화도 도서관에서 빌려보았다.

또한, 한국 도서관은 주차시설이 부족하다. 그런데도 차에서 내려서 반납하도록 되어 있어 이용하기 불편했었다. 그러나 미국 도서관은 주차공간이 넉넉하고 반납할 때도 햄버거 가게처럼 드라이브 스루가 있어서 도서관 안에 들어가지 않고 지나는 길에 반납할 수 있다.

더구나 게인즈빌에는 가난한 사람들이 사는 구역과 가까운 곳에 가장 크고 좋은 도서관이 있다. 내가 사는 아파트는 백인 주거구역과 멀어 나는 주로 다운타운에 있는 헤드쿼터 도서관을 이용했다. 땅값이 비싼 다운타운 한가운데 크고 좋은 도서관이 있어 근처에 사는 가난한 유색인종이나 흑인들이 이용하기에 아주 좋다. 부자들은 좋은 교육교재에 접근 기회가 많고 경제적으로 여유도 있어 직접 책을 살 수 있고 부모 자신이 좋은 과외교사가 될 수도 있지만, 교육수준이 낮거나 가난하고 나처럼 영어가 서툴고 미국 물정을 모르는 유색 이민자들을 위해

핀리 초등학교 도서관의 도서박람회에서 책이나 장난감, 교구,
학용품을 판매한다. 공공도서관의 도서박람회에 비해 가격이
저렴하지는 않으나 학부모와 아이가 함께 학교를 찾아가
사서교사와 아이의 독서수준에 대해 상담할 수 있다. 박람회 때
아들에게 돌고래에 관한 책 한 권과 플라스틱 책갈피를 사주었더니
아이가 두고두고 좋아했다.

할아버지가 도서관 흔들의자에서 손자에게 책을 읽어주고 있다.

가장 가난한 지역에 가장 좋은 도서관을 짓는 것은 분배정의를 실현하는 것이기도 하다.

흑인이나 가난한 유색인종이 다운타운에 위치한 도서관을 주로 이용한다. 냄새나는 노숙자들이 화장실이나 컴퓨터를 쓰기 위해 몰려들어 약간 신경이 쓰였지만, 치안을 위해 경찰이 상주하고 20-30분 간격으로 도서관 내부를 순찰하기 때문에 안심이 된다. 조금 멀리 떨어진 백인 거주지 근처의 도서관을 몇 번 이용한 적도 있는데 대부분이 백인이나 경제적으로 안정되어 보이는 중산층 가족들이 주로 이용하고 경찰은 상주하지 않는다. 그러나 다양한 이벤트도 많고 장난감이나 책도 많고 무료로 영어와 수학 과외를 받을 수도 있고 여러 가지 시설이 좋아 다시 다운타운의 헤드쿼터 도서관으로 다니기로 했다.

미국의 도서관이 한국과 큰 차이를 보이는 것이 하나 있다. 한국의 도서관은 이용자들에게 책 읽고 공부하는 곳이라는 개념이 정착되어 있어 정숙하고 차분한 분위기가 일반적이다. 대부분 도서관이 시험준비를 위한 '독서실'로 사용되는 것이 현실이다. 그러나 미국의 공공도서관은 '공부' 혹은 '자습'을 위한 공간이라기보다 '읽고 쓰는 활동'을 위한 장소라는 개념이 확고하다. 그들은 어린 시절부터 도서관을 읽고 쓰고 컴퓨터를 사용하는 곳으로 인식한다.

군데군데 소파가 비치되어 있어 부모들은 아이들에게 소리 내어 책을 읽어주고, 컴퓨터로 읽고 타이핑하는 연습을 하기 위해 아이들과 부모들은 자료검색을 하거나 컴퓨터 교육을 받는다. 컴퓨터 안에는 교육 프로그램이 깔려 있어 수학 게임, 어휘 게임과 과학탐구 프로그램을 하면서 무료함을 달래기도 한다. 어린 아이들이 도서관과 더욱 친숙해지게 하기 위해 작은 놀이터를 마련해 둔다. 체스 놀이기구, 빙고게임 세트, 젠가 세트, 인형 등 아이들이 가지고 놀 장난감도 많아 아들은 그곳에서 만난 아이들과 놀이를 하며 자연스럽게 영어를 익힐 수 있었다.

그러니 한국의 도서관에 익숙한 내가 미국의 공공도서관에 갔을 때 얼마나 당황했을지 생각해 보라. 공부를 하려고 책을 폈더니 여기저기서 책 읽어주는 소리, 서로 이야기 하고 아이들은 깔깔거리며 장난감을 흔들고 인형놀이를 하고 책으로 집을 쌓으며 놀고 있어 정신이 하나도 없었다. 도서관에서 전화 통화를 하는 이들도 적지 않았다. 그런데 차츰 산만한 공간에 익숙해져 옆에서 아이들이 놀고 있어도 나는 내 공부를 할 수 있었고, 심지어는 바늘 떨어지는 소리까지 들릴 것 같이 조용한 곳에서는 불안해서 집중할 수가 없다. 자연스러운 소음 속에서 대학원 저널을 읽는 것이 오히려 편할 때도 있다.

물론, '조용한 공간'이라는 방이 따로 마련되어 있는 도서관도 있다. 그곳에서는 전화통화도 불가능하며 한국의 독서실처럼 정숙해야 한다. 한국의 도서관은 '노는' 장소가 따로 마련되어 있고, 미국의 도서관은 '조용히 해야 하는' 장소가 따로 정해져 있다. 미국인에게 도서관은 책과 관련된 활동을 하는 곳이므로 그곳에서 아이들과 책을 통해 놀고 책을 매개로 서로 의견을 나누는 곳이다. 혼자서 책을 읽으며 조용히 공부를 하고 싶다면 책을 빌려 자기 집 서재로 가야한다고 생각한다.

도서관에서 심하게 떠들거나 소리를 지르는 것은 당연히 금지되어 있지만, 미국의 도서관에는 책과 교구를 가지고 노는 이들로 가득 차 있고 책과 관련된 다양한 활동을 하는 공간이지 독서실이 아니다. 그리고 그렇게 자란 미국 아이들은 조용한 서재가 아니라도 잔디밭, 벤치, 카페테리아 어디서든 책을 편다. 현재 한국의 독서문화와 도서관 문화에서 자란 아이들은 어디서 책을 펴게 될지 궁금하다.

애완동물과 함께 산책하기 편해요

"엄마, 우리도 미국에 사니까 개 한 마리 키울까?"
아들이 초등학교 5학년을 다닐 때 물었다. 이유를 물어보니 미국인들은 개를 많이 키우는 것 같아 우리도 개가 있었으면 좋겠다는 것이다. 하긴, 마트에 장 보러 올 때도 차에 개를 태우고 오고, 공원에서 가족과 함께 뛰어 놀기도 하고, 개를 데리고 조깅을 하는 젊은이들도 자주 눈에 띈다.

통계에 따르면, 미국인들의 39%가 애완견을 키운다고 하니 꽤 높은 수치다. 학생이나 가난한 이들을 제외한 대부분의 미국인들은 아파트

보다는 넓은 개인주택에 사는 것을 선호하고 인근에 공원이 잘 마련되어 있어 애완동물을 키우기에도 적당하다.

반면, 도시에 사는 한국인들 대다수가 아파트에 살고 있고 대부분의 아파트는 애완동물 키우는 것을 금하고 있다. 그러나 애완견을 키우는 인구는 점차 증가하는 추세이며, 애완견은 반려동물로 인식되고 있다. 애완견 가게에 가면 질 좋은 개 사료는 물론이고, 예쁜 목줄, 예쁜 옷이며 신발 등이 많다. 애완견을 키우다 보면 가족과 같은 정이 생긴다니 옷이며 장난감을 사주며 사랑을 듬뿍 쏟는 것은 어쩌면 당연할 것이다.

가정에서는 이처럼 애완동물에 대한 인식이 변화하고 있지만 아직 그런 추세에 미치지 못하는 것들도 많다. 예를 들어, 산책하기 좋은 곳이나 공원에 애완동물의 출입을 금한다는 표지판이 있다거나, 애완동물 출입이 허용된 곳에 애완동물의 배설물을 치우지 않아 불쾌한 일을 겪을 때도 있다. 애완동물을 반려동물이라고 여긴다면 가능하면 공원 등지에 애완동물 출입금지라는 표지판을 부착해선 안 되고, 애완동물 주인은 애완동물을 데리고 산책을 할 때는 다른 사람들에게 불쾌감을 주지 않도록 배설물을 깨끗하게 처리해야 한다.

그러나 비닐봉지 등을 미처 준비하지 못해 낭패를 볼 경우도 있으니, 이에 대비해 미국에서는 개똥박스를 공원이나 주택가 이면도로 및 아파트 단지에 군데군데 설치해 두고 있다. 작은 상자에 들어 있는 비닐봉지는 티슈처럼 한 장씩 뽑아 쓸 수 있도록 되어 있고, 그 밑에 애완동물

애완견 배설물이 전염병을 옮길 수 있으니 잘 처리해야 한다는 표지
판. 위반 시 벌금은 75~500달러라는 경고도 포함되어 있다.

애완견 주인이 개똥박스에서 배변을 담을 비닐봉지를 뽑고 있다.

의 배설물을 담아 버릴 수 있는 쓰레기통이 달려 있다. 이 개똥박스에는 '동물의 배설물이 병을 전염시킬 수 있으니 뒤처리를 잘 하라'는 안내문구가 있다.

이를 한국에 도입하기에는 아마 여러 가지 어려움이 있을 것이다. 쓰레기 종량제 실시 이후 쓰레기 무단투기를 방지하기 위해 거리의 휴지통까지 없애는 실정이니 공원이나 산책로에 개똥처리용 비닐봉지와 쓰레기통을 설치한다면 쓰레기 무단투기가 극성일 것이다.

2014년 4월에 옛 하야리야 미군 부대를 시민공원으로 조성하면서 시민들의 발걸음이 끊이질 않는다고 한다. 한국에 있는 아이 아빠도 두어 번 다녀와서는 깨끗하고 좋다고 칭찬 일색이다. 그런데 쓰레기 없는 깨끗한 공원을 지향하는 시민공원은 쓰레기통을 없애고 자신이 가져온 쓰레기는 되가져가는 운동을 벌인다고 한다. 며칠 되지도 않았는데 시민공원 입구 쪽에 방문객이 쓰레기를 버려두고 가서 벌써부터 쓰레기 문제가 불거지고 불법주차 차량으로 인근 도로와 아파트 단지에 민원이 끊이지 않는다고 한다. 듣고 보니 이상하다.

"사람들이 공원에 놀러오면 쓰레기가 나오는 건 당연하지. 그 쓰레기를 버릴 쓰레기통이 있어야 시민의식을 보여주고 말고가 있지. 쓰레기통을 죄다 없애버리고는 시민의식을 탓하면 이상한 거 아닌가? 그나마 방문객들이 공원 입구 한쪽에 쓰레기를 모아두었다고 하니 시민의식이 있는 편이네 뭐."

"그래도 자기 쓰레기는 자기가 되가져 가야지."

"그건 성숙한 시민의식이 아니라 성인군자의 행동이지. 우리 교육의 목표는 민주적인 시민양성이지 부처님같이 훌륭한 성인의 배출을 목표로 하는 게 아니야. 쓰레기 문제를 해결할 재원이 없으면 쓰레기 처리비용으로 100-500원 쯤 입장료를 받는 게 맞지. 아이가 먹다가 뱉은 초코렛을 바지 주머니에 다시 넣고 오란 말이야."

"자꾸 미국 여자 같은 소리 할 거야?"

"답답하니까 그렇지. 오늘 주말이라 애들이랑 이웃 도시에 있는 지니 스프링Ginnie Spring이라는 유원지에 놀러갔는데 사람들마다 먹고 마시고 놀고 쓰레기가 한 다발씩 나왔지만 전부 정리해서 쓰레기 통 옆에 딱 모아두니까 직원이 와서 즉각 즉각 치우더라 뭐. 그게 시민의식이지. 폐암 안 걸리려고 멀쩡한 폐를 잘라 없애는 거랑 같네 뭐."

쓰레기 문제로 태평양 건너 부부간에 언성이 높아졌다.

이곳에서는 개와 함께 산책하다가 개가 똥을 싸면 개똥박스에서 봉지를 뽑아 개똥을 넣고 쓰레기통에 바로 버린다. 한국처럼 처리한 개똥이나 티슈를 집에 돌아갈 때까지 손에 들고 다녀야 하는 불편이 없다. 그런 불편 없이 여유롭게 거닐고 있는 이들을 볼 때면 땅도 넓고 매립지도 많은 미국이 부럽다.

고속도로 휴게소에
음식점이 없어요

한국의 고속도로를 달리다 보면 이것이 고속도로인지 저속도로인지 알수 없을 정도로 교통체증이 심해서 통행료를 내기 아까울 때도 많다. 허나 그렇게 교통체증이 심한 덕분에 한국의 고속도로에는 휴게소 문화가 잘 발달되어 있다. 차가 막히면 휴게소에서 쉬기도 하고 화장실도 이용하면서 식사와 다양한 군것질 거리에 마음을 뺏기기도 한다. 일반적으로 뜨내기 손님을 상대하는 휴게소 음식은 비싸고 맛없다는 선입견에도 불구하고 어떤 곳은 명품 휴게소로 자리잡고 그 휴게소만의 맛있는 메뉴를 선보이기도 한다. 국토면적이 넓고 고속도로가 그물망처럼 깔린 미국의 고속도로 휴게소와 비교해 보자.

미국은 워낙 땅이 넓고 지역마다 조금씩 다른 문화를 가지고 있어 일괄적으로 단정 지을 수 없으니 플로리다와 인근 조지아, 사우스캐롤라이나, 버지니아 등을 중심으로 이야기를 펼치고자 한다.

부산에서 서울까지 가는데 2만원 안팎의 통행료를 내야하지만 국토면적이 넓은 미국에서 그런 식으로 통행료를 내야 한다면 아마 납세거부운동까지 일어날지도 모른다. 일부 유료 도로도 있지만 대부분의 고속도로는 무료다. 무료 고속도로 상에는 운전자들의 편의를 위해 'Rest Area'라는 휴게소가 있다.

휴게소에는 화장실과 간단한 먹거리를 파는 자판기만 있다. 즉, 자판

1. 무료 도로의 휴게소는 화장실을 이용하려는
사람들이 간간이 들른다.
2. 미국 고속도로 휴게소에 설치된 음식 자판기

기에서 음료와 땅콩, 비스킷 등의 간단한 군것질 거리를 판매하고 있지만 음식은 팔지 않기 때문에 한국의 휴게소처럼 계산원이나 식당 종업원 등과 같은 직원이 없다. 한국은 좁은 땅에 인구밀도가 높고 고속도로에는 교통체증이 일어나기 때문에 고속도로 휴게소에도 항상 손님들로 넘쳐난다. 반면, 미국은 드물게 차량 몇 대가 들러 화장실을 이용하고 자판기에서 물을 사먹는 정도기 때문에 상주하는 인력으로는 수지가 맞지 않는 것 같다.

심지어 휴게소에 주유소도 없는 곳이 대부분이어서 기름을 넣기 위해서는 고속도로를 빠져나가 인근 주유소를 이용하고 다시 고속도로에 진입해야 한다. 물론 고속도로 통행료를 내지 않기 때문에 고속도로를 빠져나가고 다시 진입하는 데 큰 거부감은 없다. 그러나 플로리다 턴파이크turnpike와 같은 유료 도로에는 'Service Plaza'라는 휴게소가 있다. 이곳에는 주유소도 있고 직원이 상주하는 편의점도 있고 식사도 할 수 있다. 이런 유료 도로 휴게소에는 파파이스, 버거킹과 같은 패스트푸드 식당이 있어 따뜻한 음식으로 요기를 할 수 있다.

색다른 점은 한국에서는 휴게소는 무조건 차로의 오른편에 위치해 있어 휴게소를 들르기 위해서는 바깥 차선으로 운전하다가 오른쪽으로 빠져나가는데, 유료 도로에 있는 휴게소는 상행선과 하행선의 중간에 위치하고 있어 1차선으로 달리다가 왼편으로 빠져나가야 한다는 점이다. 유료 도로에서 운전하다가 휴게소에 잠시 들르고 싶었는데 1차선 쪽에 안내판을 보고도 설마 1차선으로 빠져나간다는 생각을 못해 오른

편에 휴게소가 나타날 때까지 계속 운전하다가 목적지까지 내린 몇 시간을 운전한 악몽이 문득 떠오른다.

미국의 고속도로 휴게소는 한국의 휴게소와 비교해 볼 때, 특별한 휴게소 문화가 있지는 않다. 스넥과 음료수를 파는 자판기가 있는 무료 도로 휴게소뿐만 아니라, 음식을 파는 유료도로 휴게소 역시 프렌차이즈 식당이나 페스트푸드점이 대부분이다. 고속도로 통행료를 지불하고도 속도는 나지 않아 교통체증에 시달리는 한국의 고속도로 휴게소에는 갈비탕, 돈가스, 충무김밥이며 김이 모락모락 올라오는 찐빵, 호떡, 고구마 맛탕, 옥수수, 감자 등 맛있는 음식이 있다. 먹거리가 빈약한 미국의 고속도로를 운전하면서 한국의 휴게소를 생각하면 군침이 절로 넘어가면서 고향이 그립기만 하다.

미국의 취업면접과 기업의 인재상

한국 대학에서 입학사정관으로 근무하면서 미국의 입학사정 시스템을 연구하고 배울 기회가 많았다. 미국 입학사정 시스템은 대학입학뿐 아니라, 기업체의 인재채용에서도 비슷한 과정으로 적용되고 있어 흥미로웠다. 미국 기업들이 어떻게 인재상에 알맞은 인재를 선발하는지 간단히 사례를 통해 소개하여 한국의 청년들에게 도움을 주고자 한다.

플로리다 대학 컴퓨터 사이언스를 졸업한 A씨34세와 B씨34세는 2012년 5월 아마존에 컴퓨터 프로그래머로 자리를 잡았다. A씨는 한국에서 언어학과를 졸업하고 컴퓨터공학과 석사를 마친 뒤, 미국에서 컴퓨터 사이언스 석사과정을 졸업했다. B씨는 한국에서 학부에서 컴퓨터공학을 전공하고 미국 플로리다 대학에서 컴퓨터 사이언스로 석사를 마쳤다. 이들이 졸업할 무렵, 대학이 예산 삭감을 이유로 학과를 통폐합하는 바람에 박사과정 진학을 포기하고 취업으로 방향을 바꾸었다. 플로리다 대학교 커리어 센터에 채용팀이 방문했을 때 지원서를 접수했고 서류전형과 전공 기초면접을 동시에 통과했다. 미국에는 추천제도가 있어 해당 회사에 현재 근무하는 직원이 '회사에 적합한 인재'라고 추천해 준다면 통과율은 약간 높아진다.

서류와 기초면접 후, 1시간짜리 1 대 1 테크놀로지 면접이 기다리고 있다. 보통 아마존에 근무하는 팀장급 직원이 면접관으로 들어와 실무능력과 전공수준을 체크한다. 그날 저녁 테크놀로지 합격을 통보받고 마지막 관문인 심층면접 일정을 잡았다.

심층면접은 보통 3시간가량 소요되며 종이를 주고 그림을 그리게 하거나, 자신의 아이디어를 전개시키는 과정을 면접관이 지켜보며 역량평가가 이뤄진다.

"현재의 X라는 프로그램에서 기능 Y를 추가하려면 어떻게 해야 할까?"

"만약 그 기능 Y에서 문제점 Z가 발견되었을 때 어떻게 해결할 것인가?"

"왜 그런 해결책을 선택했는가?"

이상과 같은 질문이 이어진다. 만약 지원자가 어려워할 경우, 면접관이 단계별로 부분 해답을 제시하면서 2시간 남짓 계속 문제를 풀도록 유도한다. 또한 3시간의 심층면접 중 40분 정도는 지원자도 면접관에게 질문을 한다.

"정시 퇴근을 할 수 있는가?"

"보너스는 언제부터 받을 수 있는가?"

"회사가 영주권을 신청해주는가?"

이런 질문을 할 수 있을 뿐만 아니라, 적극적으로 질문해야 취업에 관심이 있는 것으로 간주된다. 이들의 경우, 75,000달러8천만 원의 연봉으로 합격통보를 받고 취업을 할 것인지 결정할 수 있도록 열흘의 말미를 받았다. 지원서를 넣고 최종합격 발표까지 채 5일이 걸리지 않을 정도로 아마존은 의사결정과정이 신속한 만큼 합격자에게도 빨리 취업결정을 내리도록 압박하는 편이다. 그러나 만약 하버드를 포함 일류 대학 출신자의 경우 그 기간을 세 달씩 길게 기다려 주는 편이다. 아마존과 달리 지원자를 7차 전형까지 다단계 평가하는 기업도 있으나 대부분 역량평가에 중점을 둔다.

취직이 확정되어 이삿짐을 시애틀로 부치고 출발을 하루 앞둔 A씨의 경우, 같은 시기에 지원했던 뉴욕의 블룸버그에서 최종합격을 통보

일곱번째 이야기 ＼ 미국에서 생활하기

플로리다 대학 커리어 센터.
취업 자료와 인터뷰실 등이 마련되어 있고,
이력서 쓰기, 블로그 관리, 구직 방법 등에
관한 다양한 워크숍을 열어 취업에 도움을
주고 있다.

하며 뉴욕으로 올 의사가 있는지 물어왔다고 한다. Google이나 IBM과 같은 명성이 좋은 회사에 인재를 뺏기지 않으려고 아마존은 취업결정이 신속한 편이다.

두 번째 경우는 중학교 때 유학 와서 캐나다 워털루 대학을 졸업한 조카27세의 이야기다. 엔지니어로 이미 2년의 경력을 쌓은 조카는 이직을 고려할 때 삼성에도 지원을 했다. 삼성의 면접관은 종이를 주고 아이디어를 전개시키는 심층면접을 보는 도중에 이런 질문을 했다고 한다.

"직장상사는 아직 퇴근하지 않았고 자신의 업무는 모두 끝냈는데 퇴근시간이 되었다면 당신은 상사와 함께 남겠습니까?"

이에 단호하게 'No'라고 답했더니, 그 중 한 면접관이 팀워크를 위해 남아 있어야 한다며 일장 연설을 했다고 한다.

당연히 불합격이라고 생각했던 삼성에서 조카는 최종합격 통지를 받았다. 캐나다 교육을 받은 조카에게는 이런 결과가 황당해서 같이 면접에 참가했던 한국계 친구 4명에게 전화를 걸어 물어봤더니 모두 같은 질문을 받았고 모두 'No'를 답했다는 것이다.

"그런 사원은 한국에서 뽑으면 되지 왜 미국까지 왔는지 모르겠어."

"근무조건에 상사퇴근까지 근무라고 명시를 해놔야 지원자도 시간낭비를 하지 않지. 어디 미국에서 사기극을 벌이냐."

며 다들 입을 모았다고 한다. 조카는 컨설팅 회사로 이직했고 삼성보다 더 높은 연봉을 받았다.

미국의 채용면접은 회사의 인재상과 업무요소에 지원자가 얼마나 부합하는지 파악하기 위해 전공지식, 문제해결력 및 창의적 태도 등을 꼼꼼하게 평가할 수 있지만 고비용 방식이라는 점도 부인할 수 없다. 한국의 청년들이 한국에만 갇혀 있지 말고, 여러 통로로 미국에서 더 많이 취업하기를 바란다.

그나저나 야근 팀워크가 그토록 중요한 삼성의 인재상이라면 'No'라고 말한 지원자는 반드시 탈락시켰어야 했다. 바로 이 대목이 한국의 재벌은 인재상도 없고 말 잘 듣는 소모품을 원한다는 주장을 뒷받침한다. 도덕적 해이를 통해 몸집을 불린 한국 기업들이 서민의 자식들에겐 참으로 가혹한 것 같다.

에필로그

많은 것이 변했다. 나는 대개 '조형숙'이라는 나의 이름으로 불렸고 나도 내 이름으로 일을 해왔다. 고등학교 교사로 학교에서 가르치고 대학 강사로 초등학교 예비교사를 가르치고 연구원으로 교육 프로그램을 개발하거나 평가를 맡았다. 대학 입학사정관으로 근무하며 고교–대학 연계정책을 수립하고 입학정책에 따라 학생을 선발했다. 당당히 나의 직함을 말할 수 있었고 나의 명함을 내밀 수 있었다. 커리어 우먼으로 대접받기 위해 화장을 하고 반듯하게 옷을 입었다. 나는 스스로 좋은 교육을 받은 전문직 여성이라고 생각했다.

미국에서 박사과정 공부를 시작한 후로 항상 생활고에 시달렸고 돈 걱정을 하느라 공부에 집중하지도 못했다. 예전 같으면 정규 수입에 특강으로 강사료도 받을 수 있어 거들떠보지도 않았던 일감을 찾아야 했다. 신문사 시민기자로 재미있는 이야기거리가 있으면 사진을 찍어 보냈고 칼럼을 기고하고 교통방송 해외 통신원도 맡았다. 무슨 무슨 체험수기 공모전에 숱하게 글을 써서 보내고 EBS 모니터 요원에도 지원했다. 그런 와중에 쌓여 있는 집안일을 하고 저녁에는 아이 숙제를 봐주고 주

말이나 방학 중에는 다양한 교육활동을 개발하여 아이가 폭넓은 관점을 가질 수 있도록 유도했다. 나와 일주일에 10시간 계약을 맺은 교수는 거의 20시간 일거리를 주었다. 불평을 하기는커녕 일거리를 주는 것에 매일 감사했다. 그리고 남은 시간동안 박사 공부를 했다.

철없는 유학생이 공부가 어렵고 과제가 힘들다고 앓는 소리를 할 때는 부럽기까지 했다. 미국처럼 교수가 헌신적으로 잘 도와주고 세계에서 가장 우수하고 합리적인 교육 시스템 속에서 공부하면서 뭐 그리 어렵다고 저럴까 의아했다. 그나마 학비면제와 약간의 생활비를 벌 수 있었던 연방 정부의 연구물이 마감되자 머릿속이 하얗게 변해 아무런 생각도 나지 않았다. 사람들은 실패를 두려워하지 말라고 했지만 나는 실패가 가장 무서웠다. 실패의 그림자는 지난 4년간 나를 시시각각 조여왔다. 언제든 이민가방을 다시 꾸릴 준비를 했고 제대로 신나게 방긋 웃어보지 못했다. 인문사회계열을 전공해서 어떻게 남은 생을 먹고 살까 걱정이 앞서기도 했다.

그러면서 알게 되었다. 가난이 어떻게 아이들에게서 교육받을 기회를 빼앗아 가는지 그리고 가난이 영혼을 어떻게 망가뜨리는지 똑똑히 보았다. 공교육이 문화·인종적으로 열악한 환경에 처한 아이들을 위해 무엇을 해야 하는지 또렷이 보이기 시작했다.

어느 사회나 중산층 가정에서 주류 문화를 바탕으로 자란 아이들은 당연히 공부를 잘할 수 있는 환경을 가진다. 그들의 생활 자체가 바로 배움터이고 교육의 연장선상에 있다. 대학교육을 받은 인텔리 부모와 담소를 나누면 그것이 곧 세미나 수업이고, 차를 마시며 토론을 하면 심포지엄이고, 피크닉을 가면 야외학습이고, 여행을 가면 현장학습이고, 부모님의 지인들과 이야기를 나누면 초청강사와 면담하는 효과를 내기 때문에 시시한 과외수업보다 더 많은 것을 배울 수 있다.

교수를 아버지로 둔 학생들은 고등학교 때 이미 아버지와 아버지의 동료 교수들이 진행하는 프로젝트에 참가하여 논문의 공동저자로 이름을 올리고 대학 입학사정관 전형에 당당히 지원한다. 그러나 가난한 소외계층의 자녀는 부모로부터 학대받거나 노래방 도우미로 나간 엄마가 마련해 둔 음식으로 저녁을 때우기 일쑤다.

또 어떤 아이는 부모가 모두 돈 벌러 나가고 혼자 방치된 채, 자기 방에 있다가 허술한 문을 열고 들이닥친 성폭행범에게 유린당하고 물탱크 속에서 차가운 시체로 발견되기도 한다. 그 아이가 슬럼가에 살지 않고 제대로 된 브랜드 아파트 로얄층에만 살았더라도, 부모가 방임하지 않고 곁에 있어주기만 했더라도 달라졌을 것이다. 내가 맞벌이 부부로 30평대 브랜드 아파트에서 살 때는 그런 사건이 일어날 때마다 측은하

"

다문화·다언어 교육은 사회·경제적 약자의 문화를 이해하고 공교육의 테두리 속에 끝까지 포기하지 않고 끌어안는 것이다. 그들의 문화를 이해하고 존중하고 무조건 수긍하는 것, 그것이 학교와 교사의 책무다.

"

고 안쓰러워하면서도 내 일이라는 생각은 못했다.

학교는, 최소한 공교육은, 혼자 저녁을 때우고 친구의 돈을 빼앗아 게임 아이템을 사는 그 소년을 위해, 언제 성폭행을 당할지 모르는 슬럼가에서 문고리가 허술한 방에 사는 그 소녀를 위해 존재해야 한다고 배웠다. 따뜻하고 맛있는 저녁을 먹을 수 있고 인텔리 부모와 대화할 수 있고 고등학교 때 이미 아버지의 네트워크로 학술논문에 공동저자로 이름을 올릴 수 있는 아이를 위해 공교육이 한정된 교육 리소스를 모두 다 할당해서는 안 된다. 내가 박사과정 내내 배운 것이 바로 그것이다. 내가 세미나 시간에 질문한 적이 있다.

"교수님의 전공은 언어교육인데 왜 항상 가난한 슬럼가의 흑인 가정에서 어떻게 교육이 일어나는지, 가난한 이민가정의 아이들이 어떻게 언어를 배우는지, 멕시코계 계절 이주 노동자의 자녀들이 어떤 교육을 받는지 이런 것만 가르치나요? 솔직히 교수님 수업을 들으면 너무 비참한 내용이 많아 집에 가면 우울해서 잠이 안 옵니다. 눈물이 납니다."

나는 수업준비를 위해 읽었던 책의 내용을 떠올리며 눈물이 그렁그렁 맺힌 얼굴로 교수의 얼굴을 쳐다보았다.

"그건가? 왜 내가 그런 것만 가르칠까?"

"그게 교수님의 연구 관심사인가요?"

"내가 박사과정 때 교수에게 했던 똑같은 질문을 자네가 하니 반갑구만. 왜 그럴까?"

"문화적으로 소외된 학생을 교육적으로 도와줘야 한다는 사명감 때문인가요?"

"작년 학회에 갔을 때도 한 박사 학생 참석자가 나에게 그 질문을 했지. 그런데 다른 참석자가 대신 대답을 했어. 이 세상의 모든 것, 경제, 정치 그리고 이 사회가 돌아가는 것은 모두 권력을 쥔 사람들의 것이야. 그렇기 때문에 학문은 반드시 소외된 이들에 대해 말하고 소외된 이들을 연구하고 그들의 목소리를 반영해 줘야 해. 학문하는 사람이 권력을 가진 자의 편에 서면 그 사회는 죽어가는 거야. 그런 학자, 그런 학문은 쓰레기야. 권력을 가진 미국 백인 중상류층 가정의 아이를 위해 더 이상 교육학이 할 게 뭐 있겠어. 모든 우수한 교사, 좋은 학군, 경제적 풍요로움, 쾌적한 환경, 따뜻한 인간관계, 가족의 사랑, 좋은 학교시설, 좋은 교육적 리소스는 죄다 가졌는데 공부를 못할 리가 없지. 그러고도 공부를 못하면 빌딩이나 목장 물려주고 임대료 받으면서 기부도 하면 되지. 안 그래?"

그 세미나를 듣던 박사 학생 여섯 명은 모두 고개를 끄덕였다. 일본에서 패션모델로 활동하다 교육학 박사과정에 등록한 크리스타는 내 질문으로 세미나 수업에서 큰 배움을 얻었다고 수업 중 일어나 나에게 다가와 뜨겁게 안으며 감사를 표했다.

한국도 마찬가지다. 중상류 가정의 자녀들은 공부를 잘하거나 못하거나 항상 좋은 기회를 얻고 부모가 가업을 물려주거나 사업을 차려주거나 프랜차이즈 커피숍을 열어줄 수도 있고 인맥을 동원해서 좋은 취직자리를 안겨준다. 공교육이 교육 리소스를 할당해야 할 대상은 혼자 저녁을 먹는 아이와 슬럼가에서 성폭행의 위협에 시달리는 소녀다. 실상은 그 아이와 그 소녀가 학교에서 더럽고 가난하고 공부를 못하고 발랑 까졌다고 거짓말을 잘한다고 가장 먼저 소외되고 버려진다. 그 아이들을 위해 헌신하는 교사들 대부분은 자신의 노력에 대해 보상받지 못하고, 또 다시 거짓말을 하고 성적은 바닥을 기고 결석을 할 공산이 크다. 나 역시 교사생활 동안 몇 번 시도를 했지만 성공하기 힘들었고 때로는 그런 아이들 때문에 상처받고 내가 나가떨어지기 일쑤였다. 잘해봐야 본전인 반면, 중산층 가정의 아이는 교사의 보살핌에 대해 감사할 줄을 안다. 그러니 사랑스러울밖에. 이제는 조금 알 것 같다.

내가 미국 대학원에서 배운 다문화·다언어 교육은 사회·경제적 약자의 문화를 이해하고 그들을 포기하지 않고 공교육의 테두리 속에 끝까지 포용하는 것이다. 나는 과거의 나를 조금씩 반성하고 질책하기 시작했다. 그들의 문화를 이해하고 존중하고 무조건 수긍하는 것, 그것이 학교와 교사의 책무다. 그런 미국 교육의 건강함이 있었기에 영어가 서툴고 눈치도 없는 아들이 미국 학교 속에서 제대로 배울 수 있었다. 그것은 미국 백인 중심의 주류 문화적 관점으로 아시아계 아이를 미국 사회에 동화시키려는 것이 아니라, 다문화적 관점으로 아시아적인 가치를 존중하면서 동시에 미국적 가치를 습득하는 이중 문화주의가 교육의 핵심으로 자리 잡고 있었기 때문에 가능했다.

외국인 신분의 유색인종 학생을 위해 무료로 이솔 영어 개인교사를 붙여주고, 비싼 영재교육검사를 하여 아이에게 맞는 영재교육 프로그램을 설계해 영재교육 전문가와 주기적으로 상담을 할 수 있도록 해주었다. 하루에 두 끼를 무료로 먹을 수 있게 해주었고, 가계소득을 고려하여 장학금을 받으며 스포츠 클럽활동도 할 수 있도록 배려해 주었다. 문화·인종적 열등감에 고민스러워 하면서도 아이는 미국을 사랑하고 미국을 신뢰한다. 아이는 스스로 한국인이라고 생각하며 미래에는 한국에서 한국인으로 혹은 미국에서 한국계 미국인으로 살 수도 있다고 생각한다. 나 역시 아이에게 좋은 교육기회를 주고 교사와 학교와 사회를 신뢰하는 마음을 심어준 미국에 감사한다.

아들은 내가 졸업하고 직업을 얻으면 백인 스쿨버스를 한 번만이라도 타보고 싶어 하지만, 아마 아들은 영원히 백인 스쿨버스를 타지 못할 것이다. 나는 졸업을 하면 한국으로 돌아가 문화·인종적으로 소외된 아이들을 위해 어떤 식으로든 나의 길을 갈 것이다. 내가 경제적으로 힘들어도 언어적으로 문화·인종적으로 소외된 아들과 미국 사회에서 재미나고 다양한 경험을 한 것처럼, 다양한 아이들이 한국 사회에서 신나는 학교생활을 하기 바라기 때문이다. 그래서 그들이 자신을 사랑하면서 한국도 사랑하기를 바란다.

미국에서 나는 조형숙이라는 이름 대신, 리처드 엄마, 로이 엄마, 미세스 리, Sook이란 이름으로 불렸다. 궁핍했기에 더 열심히 살았고 귀한 가르침을 얻었다. 이는 내 남은 삶 속에서 교훈이 될 것이다. 미국 조기유학에 관한 책이나 미국 학교에 아이를 보내며 겪은 체험담을 쓴 책을 보면 안락한 백인 거주 지역에서 백인 학생이 다수인 좋은 학군에서 백인 주류 문화에 파묻혀 좋은 교육 리소스로 즐겁게 생활했다는 내용이 많다. 미국 사회는 다문화주의가 확산되어 '슈퍼 다양성이론'까지 등장하는데, 책에 실린 사진들은 죄다 백인과 팔짱끼고 싱그러운 웃음을 던지고 있다.

세계화의 흐름을 타고 인구이동이 폭발적으로 늘어가고 있고 자연히 영어가 서툰 이솔 학생이 미국 학교로 대거 유입되고 있어 모든 교사에게 이솔 학생을 가르칠 수 있도록 사범대학에서 필수과목으로 준비시키자는 움직임까지 일어나고 있을 정도다. 그런데도 천문학적으로 학비가 비싼 사립학교에 다니면서 백인 중상류층 가정 학생과 찍은 사진만 잔뜩 실어둔 책들은 현실을 제대로 반영하지 못하고 있다. 미국 유학 성공담에 관한 책들은 평범한 한국 학부모의 욕망을 부추길 뿐 어떠한 대안도 제시하지 못한다. 한편, 언론기사들은 준비 없이 미국 학교에 가면 마약, 폭력과 총기사건에 연루되어 자칫 아이를 망칠 수 있다고 으름장을 놓기 일쑤다.

하버드에서 최우수 논문상을 받은 《7막7장》의 주인공인 홍정욱처럼 되기 위해선 최소한 1년에 1억에 가까운 사립학교 비용을 감당할 수 있어야 한다. 하버드를 최고 성적으로 졸업한 진권용처럼 되기 위해선 대치동 키드로 살다가 캐나다를 거쳐 미국 최고 명문 필립스 아카데미

쯤은 졸업해줘야 한다. 아마 그것도 1년에 1억을 훌쩍 넘길지도 모른다. 비슷한 사회·경제적 조건을 갖추지 않은 한국 부모들에게는 그림의 떡이다. 한국에 만연한 '하버드 병'은 욕망에 불을 지르고 절망에 기름을 끼얹는다.

"엄마, 내가 열심히 공부하면 하버드에 갈 수 있을까?"

"글쎄, 왜 하버드에 가고 싶은데?"

"아빠가 링크시켜 준 진권용 형처럼 나도 하버드에 가면 엄마, 아빠도 보람을 느낄 거고 자랑스러울 것 같아."

"네가 부모 마음을 이해해 주는 효자구나. 그런데 엄마가 하버드 대학 입학사정관이라면 너를 뽑지 않을 것 같구나. 넌 하버드에서 뭘 기대하니? 하버드가 너를 뽑아 우수한 교육 리소스를 너에게 할당하면 너는 하버드를 위해 뭘 할 거니? 기본적으로 하버드의 입학정책은 재능을 보는 merit-base, 학풍을 이해하고 기여도를 보는 legacy-base, 문화·인종적 불평등을 해소하기 위해 사회정의를 어떻게 실현할 것인가 등을 종합적으로 고려하여 얼마나 대학과 학생이 서로 알맞은지를 보거든. 넌 하버드의 교육 리소스와 학풍에 얼마나 적합하니? 너는 하버드를 통해 어떻게 사회정의를 실현하고 싶으니?"

"……"

종알종알 말이 많은 아이가 말문을 닫았다. 나는 아이가 침묵하면서 조금씩 성장하기를 기대했다.

66

경제, 정치 그리고 이 사회가 돌아가는 것은 모두 권력을 쥔 사람들의 것이야. 그렇기 때문에 학문은 반드시 소외된 이들에 대해 말하고 소외된 이들을 연구하고 그들의 목소리를 반영해 줘야 해. 학문하는 사람이 권력을 가진 자의 편에 서면 그 사회는 죽어가는 거야. 그런 학자, 그런 학문은 쓰레기야.

99

아들은 1년 반 만에 이슬 단계를 마쳤고, 5학년 초등학교를 졸업할 때 성적우수상과 함께 오바마 대통령 상장을 수상했다. 사실 오바마 대통령상은 여러 학생들과 함께 받았으니 그리 대단한 것은 아니다. 6학년 때 영재검사를 거쳐 전 과목 모두 우수반에 배치되었고, 이후 전 과목에서 A학점을 받았다. 플로리다 일제고사FCAT test에서 수학을 만점을 받아 플로리다 주지사로부터 상장을 받기도 했다. 플로리다 일제고사의 수학시험에서 만점을 받은 학생이 몇 명인지 모르나 만점을 받으면 주지사로부터 상장을 받았을 것이니 이 역시 그리 대단한 것은 아니다. 이후 10개 도시에서 가장 우수한 중학생 백여 명이 모여 공부하는 링컨 중학교의 라이세움 마그넷 프로그램에서 입학허가가 나서 전학을 가게 되었다. 이렇게 낯간지러운 자랑을 늘어놓는 이유는 꼭 학비가 비싼 사립학교나 학군이 좋은 백인 거주지에 살면서 백인 학교에 가야만 좋은 교육효과를 보는 것이 아니라는 말을 하고 싶기 때문이다.

나는 아이가 중학교에 들어가자 지역사회에 어떻게 봉사할 것인지 생각하라고 강하게 압박하기 시작했다. 아이가 지적으로 성장하는 것도 중요하지만 봉사하는 리더로서의 삶이 아이의 미래가 되기를 바랐다. 자기가 가진 것이 모두 자기가 잘나서 당연히 가져도 되는 것으로 생각하거나 똑똑하고 잘나면 남의 것을 다 차지해도 되는 것으로 착각할까 봐 겁이 났다. 이런 생각을 가지고 있는 한 자기보다 더 똑똑하고 잘난 사람에게 부당한 취급을 받아도 어쩔 수 없다고 쉽게 포기하는 사람으로 자랄 것이다.

"엄마, 라이세움 마그넷 프로그램에 있는 중학생이나 IB 프로그램에 있는 고등학생 말고는 딱히 봉사활동을 하는 것 같지 않아요. 한국은 일 년에 20시간씩 의무지만 여긴 봉사활동이 의무가 아니에요. 내가 꼭 해야 할까요?"

"라이세움 학생과 IB 학생은 봉사활동을 왜 할까?"

"학교에서 의무적으로 시키니까요."

"그 아이들은 나중에 이 사회의 리더가 될 거야. 리더는 더 많은 돈을 벌고 더 큰 권위를 누리고 좋은 짝을 만나 좋은 가정을 이루고 더 맛있는 음식을 먹고 더 많이 웃게 되어 있어. 그런 사람들이 가난한 사람들을 위해 봉사하지 않으면 그 사회는 점차 죽게 되어 있어."

"그래서 학교에서 그 아이들에게 봉사와 기부를 가르치는구나."

"너는 영리하고 공부도 잘하고 운동도 잘하잖아. 엄마 덕분에 미국
에 와서 영어도 잘하고. 넌 자라서 이 사회의 리더가 될 거야."

아들은 가난한 다운타운 지역의 도서관에서 봉사활동을 시작했다.
우리가 미국에 처음 와서 도움을 가장 많이 받은 도서관 어린이실에
서 봉사활동을 하면서 조금이나마 도움이 되고 싶어 했다. 주말에 도
서관에 들러 책을 정리하고 책을 많이 읽은 아이들에게 줄 쿠폰을 정
리했다.

이 책은 교육학 박사과정에 있는 아줌마의 이야기이자, 아이를 평범
한 미국 공립 초등학교와 중학교에 보내면서 경험한 엄마의 이야기다.
나의 박사 전공과 실제로 경험한 것들을 다문화주의와 교육이라는 큰
틀에서 엮었다. 플로리다 지역에서 일어난 일들을 대부분 다루었지만
그 속에 든 가치관이나 다양성 관점들은 한국이든 미국이든 지역을 떠
나 생각해 봄직하다. 다양성을 교육에 접목시키고 싶은 학부모와 교사
뿐 아니라, 다가올 다문화 시대를 잘 이해하고 싶은 독자와 나누고 싶었
다. 또한 나처럼 늦은 나이에 아이를 데리고 박사 공부를 떠나는 부모에
게 맛보기 실용서 역할을 하기를 기대한다. 도움이 되었기를 바란다.